パパはドイツで

人情厚い西ドイツ滞在記

前島敦子

パパはドイツで

人情厚い西ドイツ滞在記

前島敦子

まえがき

本当に人生とは何が起こるか、始まるか、分かったものじゃないという話である。パパの親父さんは多分に酒の勢いからとんでもない発言をなさったものだ。それがスムーズに行われたかどうかは定かではないが、画家前島は、ドイツに行くチャンスを掴んだのである。未だ日本は戦後貧乏で、海外渡航なんて夢の又夢の話であった。

しかし前島が若かりし頃國學院大學久我山高校の美術講師をしていた当時同じ講師の親友に江原昭善氏が居て、東大卒人類学者でドイツのフンボルト財団の留学試験に合格し、華々しい活躍をしていて二度目の渡航を計画していた。それに同道して全くひょんな事からドイツに行く事になったのだった。

ドイツでは又も幸運にもキール大学人類学のフラオプロヘッソワ・ドクトア・シュロッサー女史に認められミットアルバイターに就職する。正に江原氏に同伴して挨拶に行ってのお陰である。

ところが此処で、江原氏から夫の病《やまい》の連絡が入る。早や手回しに日本で手術する為に帰る予約をしたと前島はすっかり弱気になっている通知である。何だ！　行ったばかりでのこのこ帰って来てはならじと、其処から妻たる筆者の暗躍が始まるのである。無論その様な事態では娘を連れていく訳にはいかぬので、母親や姉一家弟達の支援を得て、私は一人旅だった。

此の時京都の母の関係者に残された娘は、三歳だったが、『親に捨てられた』と心底思ったそうだ。そして早く大人にならねばと覚悟したと云う。そして六十過ぎのおばあちゃんを労わる為に自分が車道側を歩き祖母を守ったと云う。そして『きっと自分が悪い子だったから捨てられた』と思ったので、代書してもらって親にドイツへの手紙を書く時「すみません」との言葉がしるされていて何の意味だろうと前島と笑ったりしたが、此れを出版するにあたって、初めて聞いた三歳の娘の本音をきいて、筆者はびっくり仰天した次第である。

前島はドイツでは予想もしない大もてをした。人種的にか、オリエント式容貌の珍種か街でカメラ店等に入ると、店主が忽ちカメラを構えて撮影する。それが我々にはまるで理解出来なかった。その所為もあってシュロッサー女史にも就職出来たのかもと思ったが、キール大学人類学の人種別引き出しのヤパーナー部門では前島の写真が一杯保管されていた。筆者はそれを見る度に『ヘル前島は決して日本人種の代表の顔ではない』と訴えたかったが、実行出来ないでいた。

ま、その所為もあって、最後にはゲッチンゲン大学の学術フィルムの撮影も降って沸いたかと思えば、面白いものだ。悪い気はしない。しかし帰国後彼はその滅多にない千載一隅の映画出演を全く口にしなかった。私に取ってはいささか口惜《くちお》しい彼の性格であった。

目次

一　いきなり棚ぼた？

親父さんは太っ腹の善人、物分かりの良いいい方だった。お酒も少々入っていたのは確か。

「二百万で一年間行けるとすれば、お前行ってみんかい？」とパパの隆宇《たかう》はそう言われたのだった。

聞く所によると、末っ子の弟が鎌倉に家を建てるにつき、かなり高額のおねだりをしていたらしい。親父さんは、新進建築家の末っ子の「家を建てるというよりは、お前の絵の才能に賭ける方がずっと、楽しみじゃわい」というのだった。

それだけでも棚から牡丹餅、大変なトップニュースというのに、

「隆宇、お前だけじゃ心配だから、家族も一緒に連れて行かんかい？」

ママは乳呑児の美久《みぐ》を抱いて、隣のお座敷でネンネンコロリとやりながら、それとなく耳を傾けていた最中だった。家族という言語が出て来て、途端に足がブルブルと震えて来た。『大した事になった！』と赤子を抱いているのに関わらず身体中がとりとめも無く、震えて震えて仕方なかった。極度の嬉しさとはこういうものかと後で思った。

さて事の起こりはこうだ。

高校の講師同志だった親友の東大卒人類学者江原氏がフンボルト財団の留学試験に合格して既に二年間の西ドイツの留学経験の持ち主であって、キール大学の霊長類人類学教室の研究生だった時、さんざんお世話になった世界で超有名な人類学者のオーソリティ、ショイブレー博士のお子さんが日本にやって来て、同じ画家というので、引き合わせてくれたのだった。

ショイブレー博士の御子息氏は当時世界中を一周して、時には船でアルバイトをしながら、漸く日本へ辿り着いたという勇敢なお人だった。パパも招かれ、またこちらも家に招いたりしながら、「お前さんもドイツにやって来ませんか？」と言われたりした。当時は未だ日本は戦後の復興がようやく軌道に乗り出したとはいえ、個人の外航はゆるされず、生活も未だ裕福とは言えず、余裕資金もなし、外国に憧れては居たものの、庶民にはその優遇は廻ってはこない。だから渡航なんて夢のまた夢。ドルルートは一ドル三六〇円の時代である。持ち出し日本円はたったの五百ドル、十八万円である。後に懇意となった三岸節子氏（日本女流画家の第一人者）の御子息廣太郎氏等は当時文化人、有名人等特権階級にだけ許された渡航で既に二十三歳で私費留学、羨まし、妬みのフランス留学をなさっている。我々画学生だった庶民には雲上人だったものだ。

ショイブレー氏とは江原氏を通しての会談だったが、芸術論を戦わし、何らかの意思の疎通があって共鳴するものがあったと見える。

彼が言うには、

「若しお前さんがドイツに来る事があれば、自分の師匠のエルンストに逢わしてやってもいいよ。（わーすごい事だ）、日本人は少しドイツを知らな過ぎる。だがこれからはドイツの時代だぞ。フランスはもう過去の国だ。アメリカはベトナムで消耗しつつある（当時）。ドイツこそこれからの画界を背負って立つ国だ」、等と意見が一致して大いに世界へ羽ばたく心地を抱かせてくれたものだ。

それにパパがエルンストを極めて高く評価していたのも期待をわくわくとさせた。正に夢の様な御縁の話である。パパは又ドイツの画壇の事情にも通じていて、それが画家ショイブレー氏を喜ばした。そしてとにかく種々の意見投合があって、彼が言うには、

「親父の関係するキール大学の博物館にでも勤めて、滞在すると良いよ」

と云うのだった。これもまた夢の夢である。だが行ける訳はない。

「二百万もあれば、一年居れるよ」

とか？　まあ二百万なんて、それもまた夢の夢である。公務員がやっと当時月八万円くらいの給料の時代である。此の時の話題をパパは実家に帰った時親父さんに愉快な近年の話の種として、酒を飲みながら、面白可笑しく話したという訳である。

ショイブレー氏・前島・江原氏

それが、さっきのひょんな棚ぼたを呼んだのだった。

所が親父さんの興味はこんな質問であった。

「若しわしがお前さんに一軒家を提供すると云ったら、お前さんは家を取るか、留学を取るか、どっちかね？」

「そりゃあ、もう留学ですよ」とパパは意気軒昂に返答したに決まっている。

さあ、それからパパはドイツ語の勉強に張り切って勢出す事になる。ＮＨＫドイツ語講座と、鎌田のドイツシューレに入門する。最初の授業で碧眼、ブロンドの女性構師に、

「新学期今日からの授業に初めての生徒さんは手を挙げて」

と言われたけど、誰一人手をあげなかった。当たり前である。暫くシーンとして、一人の生徒が声を上げた。

「今日初めての生徒は手を上げろってさ」

分かる訳が無い。分からないから来ている。パパは手を上げた。数人の生徒が手を上げた。

ＮＨＫの講座では録音も取ったが、後できいてみると、娘美久のパパへの嫉妬か、やっかみなのか、激しいじゃじゃ馬語やおしゃべりの邪魔にあって、聴けたものじゃなかった。

二歳とはいえ自分よりよそへ興味が向く場合の抵抗のその情熱はすごいものがあった。

江原氏は現在は遥かに昇格して医学部の助教授として大学に勤務していたが、再度招聘されて再び渡独する事となった。じゃあ、一緒に渡航しようと云う事になった。

ところがである。人生とは上手くいかぬもので、江原氏の再留学の導入元、世界的人類学の泰斗ショイブレー博士の突然の死が伝えられたりして、江原氏の折角の招聘が一時宙に浮くかの様な事態も起きたりもしたが、日本とドイツとの再三再四にわたる書類交渉を経て、専任教授の不在にも関わらず彼の再留学が最初の予定通りすべてが許可となって、いよいよパパは江原氏と出立する事に決まった。やれやれである。

二　シベリア経由で

江原氏にとっては二度目の渡航、それとお互い気の合った二人道中と云う事から、何か飛行機とは変わったコースを選びたいという意向でシベリア経由横浜港出立というプランが決められ、三月二十一日を期してパパと江原氏の準備はどんどんと進行していった。その当時の二人の弥次喜多道中よろしくの、何とまあ楽しそうな様子だったこと！

ところでビザを請求するのに、無論職業とか身分を申請せざるを得ない。江原氏は立派な大学プロフェッサーで間違い無い。パパも立派な画家で間違い無い。とはいうものの、渡航経験豊かな彼の提言によると、アーチストと云う身分は世界中で一番得体の知れない若者の名乗る職業がアーチストという身分で、大体が長髪のならず者の自称となっているらしく、空港で荷物を広げ、引き止められ取り調べられている実態があって、それは止めた方がいいとのご託宣であった。パパは画家であり芸術家と云う者は絶対に定職に就くべきではないという信念があって（何故ならある種の定職に就く事によってその芸術的本質は完全に阻害を受けるという信念の為）高校の美術教師の身分はあっても、かたくなに給料面でも優遇される専任という身分を拒否して、長年の間美術講師と云う給料面でもそれ以外でも決して豊かとは云えない身分に甘んじて来た経緯があったのだった。しかし江原氏のアドバイスによって仕方なくハイスクール・アートティーチャーと名乗る。すると外国では忽ちプロフェッサーとハイスクール・アートテイーチャーのコンビとして何であれ一流を提供され保証されたらしい。ソビエト圏ではそれがかなり有効で、パパとしてはきっと鼻の穴がさぞモゾモゾと居心地がよくなかったに違いない（笑）。

さて予約のソビエト船は大型だったが、急拠小型に変更、その理由は不明。しかもその伝達も、ましてや謝罪もなかったという。如何にもソビエトらしい感覚、不愛想である。彼等は旅行社指定の一等船室に落ち着き、やがてエプロンを着こし召した少しひねた姿の給仕達が入れ変わり立ち代わりやって来て、出帆の折り頂いた花束を整理し、花瓶に入れ替えたり、持ち物等整えたりしてサービスしてくれた。

日本海は生憎荒れに荒れていて船は大揺れに揺れまくり、ベッドに横たわっていても頭が下に押し潰されたり、さては足元にずり下がったりして、不安定極まる状態に翻弄された。お陰で船内は、二人は別に幸いにも船酔いには至らなかったし、トイレも個室の為助かったが、二等三等の客室は、日本人は見られなかったが、廊下、トイレ等見るも無残なパニックに陥り、げろの花盛りとなったらしい。それに何という船の遅さ、下船のナホトカでは列車の予約があって、間に合うかどうか、パパは不安の余りたまりかねて、船首の運転席まで赴き、一人運転に没頭している船長に質問したのだそうだ。

「この調子では余程おくれているのじゃないか？」

と英語で不安をぶちまける。すると船長曰く、

「この波だもの。高いところと低いところを落ちたり上がったりするから、余計に時間を食って早く走れないのよ」

と答えたのだそうだ。

「だから遅々として進まないわけ」

とまことに当たり前の物理的回答で、二の句がつげなかった。

下船の前に手荷物の検査があって、きれいに詰め込んだトランクをひっくり返され、はみ出した私物を結局手に抱えてタラップを降りる羽目となる。そして驚くなかれ、さっきのエプロン姿のひねたお姉さん方が、全員いかめしい軍服姿の立派な軍人と変身して、降りてくる乗客の手荷物を厳格に取り調べているではないか！　さすがに驚愕の一瞬？だった。

そして乗客達のカメラ、ラジオ等をこれ見よがしに没収している。お陰で税関の床は山

と積まれた戦利品で覆い尽くされたものだ。パパは取られなかったけどね。人により、没収される場合とそうされない場合があって、それもまた意味不明理解不明である。或いはさっきの身分が利いたのかな？

　そして思うに、先ほど船室で花を活けてくれたり、手荷物を片付けてくれたりのサービスも、要するに一種のスパイ嫌疑の検査だった模様ということだった。

　ナホトカからは列車に乗り込む。偶然にもやって来た車掌が残留の日本人とわかった。パパが話しかけ、あちらも喜んで、日本のことも知りたいと一生懸命話し出す。こちらの病院は日本人には勿論病院制度が無料で、総て完備しているなどと伝わっているかも知れないが、診療はただでも薬代が結局払えないから、医者に診て貰っても仕方ないから、病院には行かないとか、日本に帰りたくて一生懸命お金を貯めているけど、一生かかっても追っつかないとか、そんな愚痴を聞かされた。悲しむべき現状である。

　ハバロスクで飛行機に乗る。着いたのがモスクワである。そこで何故だか二人は取り残され、一行はバスに乗って去って行ってしまった。おまけに彼等の荷物も行方不明で、不安はつのる。そこでパパは交渉に走り回る。江原氏は英独堪能な優秀な、ど偉い博士にも関わらず、意外とこうした折り行動が伴わないのだそうだ。二時間待たされた後、やっと荷物の在りかが判明した。ここで二人の処遇が知らされる。つまり博士と芸術家の特別待遇として、ウクライナホテルという高級ホテルが予約されていて、先にバスで去って行った彼等は庶民的ホテルに向かったのだとの事。要するに江原氏のプロフェッサーの肩書のせいらしい。成程陰に権威社会制度の厳しい？国と云う事で、優遇と言うべきか、ここでも又驚きの一句である。

タクシーに乗る。車は一路ホテルに向かっているらしいが、人家の気配、人里の全く見当たらない鬱蒼とした森の中を走っていく。しかも運転手が見るからに逞しい丁度フランケンシュタインの様相を思い出す大男。殺されるのではないかとパパは恐怖におびえてまんじりともしなかった。

一流ホテルとは言え、水の出は悪く、シャワーとてまともに動かないし、ちょろちょろの不細工極まる全くの当て外れで如何ともしがたい代物である。

ソビエトではドル稼ぎの為二泊は義務付けられているが、翌日はあちこち街中を散歩した後、エルミタージュ見学と行ったが、余りにも壮大でとても一日やそこらでは回れるものではなかった。三日も四日もかかりそうだった。そこでやむなく次の予定地ヘルシンキへと出向く。ヘルシンキから船でストックホルムと渡り、船の美術館等見学し、いよいよバルト海を南下し、最終目標のキールにたどり着くのである。

キールは西ドイツ北部に位置し、バルト海に面する港湾都市であり、もともとは軍港であり、造船・機械・電子機器等などの工業が盛ん。

そこで彼らはホテルに先ずは落ち着くのである。やがて招聘を受けた江原氏は大学指定の宿泊地はあるが、パパは何時までもホテル住まいとはいかぬから、ともかく個人的な停泊の宿を見付けねばならぬ。そこで不動産屋に赴き、外人でも可という三軒の候補地を得る。一軒目は留守と来て、やがてキール郊外バスで三十分、ミルケンドルフという地にビエルナート家なる建築職人の家に落ち着くのである。ドルフとは村の意、あたりは見晴かす田園地帯であり農家らしい家屋が点在し、ビエルナート家は、戦後移住して来た勤労者所帯が郊外の丘陵地帯に個人住宅を建て、それぞれ瀟洒な建物のずらりと居並ぶ住宅街にあった。

三　パパの身に何か異変が？

ところで三月に出掛けて行って、パパの異国ドイツでの生活も何とか安定し、経済的な面でも家族を呼んでもいいという事になったら、ママと美久の渡航もそのうち叶うのかな？　等と期待してもいい頃になって、運の悪い事にパパが病気にかかってしまった。ああ、何という運の悪さ！　あの知らせは何時だったか、確か六月も半ば位の時だったと思う。それは一緒に渡航した人類学者江原氏の一寸異様なのんびりとした前文の長さから始まった。こちらのミニスカートの愉しい事、シュレスビヒへの旅行が楽しかった事、でもこれらもやがて見納めになること、日本に帰ったら、さぞ懐かしい風景となるだろうこと。そんな事で前文が埋められていて、最後にパパが痔疾で痛くして大学病院に連れて行った事が書かれ、プロフェッソワ・シュロッサー女史も親切にして下さるから心配は要らぬ事、彼が痛くて書けねえやと云うから自分が代筆した事とかが書いてあって、最後になんて彼は持病の多い御仁だろうとびっくりしたと締めくくってあった。そんな事がいささか回り持った表現で、むしろユーモアを交えて描いてあるのにママは驚かされたと同時に、一体何事が起ったのであろうかとその事の方へ深く関心を奪われ、只何か変調な予感で胸が一杯になってしまった。しかしながら此の場合「痔」という表現はそう未だ深刻な打撃を与えないでいた事は確かだった。

それから二日後江原氏よりの診断の結果が知らされる手紙と、パパ自身の手紙とが一緒に着いた。江原氏によると、診断の結果は『単なるジだと云う事』、しかし若し情勢が必要とするならば、すぐにでも帰国して手術せねばならぬ事、いずれにしても小生の判断は常に誤りませぬ故、安心して任して欲しいという事と、診断の時ドイツ人医師の触診で、

「痛てててってえ！」

と彼が日本語で叫んだりしておかしかった事、そんな事がちっとも重大らしくなく、極めてのんびりと、無論留守宅の心理的影響をおもんばかって、事の次第を書き連ねてあった。しかしパパ本人の手紙はこんなものではなかった。

「とにかくこの手紙がこちらよりの最後の手紙とならぬ事を祈りながら……」と前置きして、「痔の為にある朝突然激痛が起こって、そのまま一週間一瞬の安らぎもない。油汗を出しながらもう如何ともし難い痛みに、只その一瞬の安らぎを求めて、苦しんでいるのみ。そこで或るいはすぐ帰国する事になるやも知れず、とにかく覚悟だけはしていて欲しい。実家の両親にはびっくりしない様電話ででも事情を話していて欲しい、とにかく志半ばで

こんな風になるとは残念此の上もないが、しかしいかんともし難い状態だ。此の手紙も何時出せるか分からないが、下のフラオに早く頼めたら……」等と書いてあった。ママもおそまきながら、事の深刻さにやっと気づいたという訳であった。

そしてそれから不安と心配の余り、ママは何も喉を通らなくなってしまった。胃の活動が全く止まってしまったというのか、その苦しい身体を抱えて、パパの帰ってくるという何らかの報告を待っていた。でも何か帰っては来ないという気もして来たのだった。だって本当にそんな事ってあっていいものか知ら？という運命への半信半疑がひたすらあったから。やがて病気第二信が届いて、大学病院の手当の事が書いてあって、治療が受けられてやれやれとママは思い、多分何とか良くなってくれるのではないかと期待する。それは当然だった。だって「痔」位っていう気がやはりあったから。

しかしながら、その後の期待に反して、パパの帰国は国際線の予約をする事で決定的となった模様でママはあれれ！！！と思うと同時に、この時ほどパパの要心深さと素早い手配の打ち方が恨めしかったことはなかった。

「パパのバカ！　パパのバカ！」

と思わず叫んだ位だったから。さあ、それからママの大奮闘が始まった。何とかパパの帰国をくい止めねば……と決した次第だった。そしてそれは帰国の予約をしたという八月二十日迄少なくとも絶対成就しなければならないという決意だった。

そこでママの母親とも相談しあった結果、二人の結論はこうだった。

「多分痔等が悪くなったという事は、野菜分の不足と食事の相違からきたのに違いない。だからママが行って食事を担当する事で、それは解消する様なものかもしれない。だからママが行けばいいのじゃないか」

そして此のような緊急事態では、美久が行くことは却って不都合だ。だから母親が言うには、美久を此の際私が預かってあげてもいいと爆弾宣言をしてくれたのだった。美久はもう結構お利口さんになってママと離れても、おばあちゃんと立派に暮らしていけるだろうと。そしたらママはすぐにでも出立して、パパの病気を治してから、又美久を呼べばいいではないか……とそんな結論に達する事が出来た。それに結構な事に、資金も何とかしようというおばあちゃんの励ましの言葉もあって、ママの食指が大いに動き始めた次第。経済的理由と、行動的自由がそこに見えたのは勿論である。おばあちゃんがそう言うのなら、すぐにでも行けそうだぞとママの決意は決まって、よし！一つ大博打を打ってみようと云う気になって、早速その様な手紙をパパにしたためた。

ママのいわば此の様な強気な我が儘が叶えられる迄、ドイツと日本の間に何回かの航空便が飛んで、ともかく願望は通じた格好となったものの、正直なところママは一抹の不安があった事は確かである。

だって果たしてママが行ってパパの病気は治るものかどうか？　それはもう暗いイメージしかなかったのだから。パパに見せようと思い、それから買い求めた痔の本を二冊読んで見ると、結論は結局座薬等意味なし、早く手術するに限るという事になる様だった。そして医者に診せるのが遅くなればなる程、病気は内部でじわじわ進行するもので、益々治りにくくなるものとか、何処にもママがわざわざ数十万も使って渡航するに足る程の理由もなければ、又勇気を鼓舞するに足る内容もどのページにも見つからなかったのである。ただ『止むを得ず手術するだけの時間を持てない人にはそれなりの治療法がある。それは先ず排泄の管理が非常に重要な課題……』という箇所があって、少なからずママの渡航の必要性と処方をただ其処だけが与えてくれた様に思えて救いとなったのだった。だからママはその一点を暗黒の中の一条の光明とのみ感じて、何とか尽せるだけ尽して見ようと思った次第だった。

離陸する国際線の飛行機の中では誰しもが様々の経緯を、わけてもそれ迄にこぎつけたやっとの思いが、一瞬或る感動を伴って突き上げてくるものらしいが、ママにとってもその手ごたえは確かに感じられた……。

「ああ、人間なんて意志一つでこんな風になるものだな」という平坦ならぬ来しかたへの或る感慨と同時にママの場合、一寸した後ろめたさ。即ち「あーあ、とうとう我儘言っちゃって……」という一言。

本当にそれは我儘ならずして何であったろうか？　ママには（パパをも含めて）芸術家として半ば悲壮な義務観念と或る一つの目標がもともと常に内在しているのが普通だったが、しかし今度と云う今度こそは（こうした我儘を強行したが故に）いささか強迫的な責任というものも背負わされる結果となって（他ならず自分でしょい込んだ事だったが）、それは少しばかり重たく感じられねばならなかった。とにかく行って帰る迄約百萬の代価も支払われるのだから。ママは頑張らなくちゃいけなかったのだ。

四　異国での孤独な自己療法

ママはこうして色々な不安感を持ちながらも又極めて明るい期待も持って、ハンブルグの空港に降り立った訳だが、此処にパパは迎えに来ている筈だった。迎えに来れるという事は良くなった事の表れとはならないか？とママはいい様にいい様にと解釈したいのだが、パパの手紙には又何処にもそんな気分は見当たらなかった。それで空港の税関から出て、人もまばらな出迎えの人影の中に、パパの姿を見かけた時、一体どこに病の影があろうかとつくづく見てしまった。

そして、

『何だ！普通に歩いているじゃないの』

とそれがママの最初の感想だった。パパはパパで、ママが初めての外地旅行で緊張しているのではないかと察していたところ、

『色はどす黒いが、案外のんびりと出てきやがったな』

と思ったそう。色がどす黒かったのは当時十七時間の飛行中、夜が短かかったせいで睡眠が取れなかった為。それに後で考えるに金髪白人の中で暮らしていたパパの東洋人（マ

マの事）に対する比較差の所為もあったと思われる。ま、推測するに決していい感じはしなかったろうなと思われる。いささかの劣等感である。

税関はフリーパス。係員が手を挙げて「通れ！」というので、では、とさっさと通ってしまった。

そして開口一番ママがパパに発した言葉は、

「それで一体どうなっているの？」であった。

パパの返事は「ウン、ウン」の言葉ならぬ一言二言で終わる。そこにいわんとしても単純に言い尽くせない得も言えぬ複雑な形勢が潜んでいるのだろうと思われる。あたりは再会しあった夫婦同士、または恋人同士かがひしとハグ、抱き合っている光景が目のあたりに見えながら、まあ、何と日本人たる我々野暮な会話を交わしているのかと、思わずにはいられなかった次第。


六月六日に発病して、丁度焼け火箸をお尻の穴に突っ込んで、メンソレタームを塗った様な状態で、それを百パーセントとすると、今は五十パーセント程の痛みが時々あるという事だった。でも七月には病院の薬のせい等も入れて極めて好調が続き、ムゼオム（博物館）の仕事にも良く通っている。パパは五月から北ドイツ・キール市のムゼオム日本展のミット・アルバイターとして週二、三回通っていた。それで江原氏にもどうも奇跡は起こったらしいと報告していたのが、八月に入って博物館の職員の一人ヘルベルト・クノールさんの六十歳の誕生会に出席して、乾杯に飲んだワインがいけなかったのか（身体の調子が良かったので、ついうっかり気を許して禁を破ってしまったということで）また痛み出して、今日に至っているというのが近況のようだった。

ママはがっかりして、

「何故飲んだのよ？」と攻めたが、

「それがほんの少しなんだよ」との事。

東京の掛かり付けの医師先生に訊いたところ、

「そりゃもう、お酒だわさ」との事。

何千キロも超えて、正に一本取られてしまった。犯人はワイン、ワインだった。当時は日本ではそう未だワインは飲まれてはいない。戦後のささやかな自粛生活だから、そう流行ってはいなかった。我が家でも。本場のワイン豊国に入って、ワインに呑まれてしまったのだろう。

まあ、男だてらに自炊をしていたのだから、多分生野菜の不足じゃないかとママはふんでいたが、確かにそれもあるのだろうが、やはり直接には犯人はワイン。それにその日はキールからバスで二時間かかってハンブルクに出向いて、工芸美術博物館と普通の美術館を制覇している。そして再び二時間かかってバスに揺られて帰って来て、極度の疲労にも関わらず、食糧は総て尽きていて、お茶を飲みたいと思ったが、自炊の面倒くささから手元にあったワインを半分明け、オレンジを一個むさぼる。そして総て諦めて寝についた。そして翌朝排泄そのものの苦しみから直後激しい痛みに襲われた。しかし食糧も何も無いところから、買い出しをせねばなるまいということで、激痛を抑えて街へ出る。そしてその街中で動けなくなって、しかしうずくまるわけにもいかず、頑張りに頑張り抜いて、マルクトで買い物をすまし、バスでミルケンドルフに帰る。まあ、どうやら帰り着いたらしいが、休んでいた。しかし次の日曜日は江原氏と他ドイツ人一人とリュウベックに行く約束があったが、とても行けそうもないと思い、その旨電話をかけるべく下へ降りていったところが、痛みが遂に極限にまで達していて、電話のところで文字通りぶっ倒れる。フラオがビックリしてどうした？　どうした？　と飛んで来た。しかしまさかお尻をさす訳にいかないから、やたらと手を振ったら心臓と取り違えて、大学の江原氏に『ヘルまいいま（彼等はmaejimaのJが言えない）が心臓麻痺で倒れた』というふうに伝わった。江原氏はビックリして、一時間半もかかる所を駆けつけてくれて、訳を聞いてお尻のせいだとわかって、

「なあんだ！　心臓でなくてよかった！」という事になる。

そして大学病院へ連れていかれて触診の時日本語で、「イテテテッ……」と叫ぶ。それが江原氏には可笑しかった……と先の留守宅へ送って来た手紙で伝えた様なことの顛末になるようだ、尤もパパは俺は、ドイツ語で「オー」と言ったと思うけどと弁解していたが。

ドイツでは確かにビールはもう水がわりだから、毎日本当に水の様に飲んでいたらしい。そして前日飲んだワインも常習的になっていてどうも監視者（ママのような）がいないという環境で二つは同縁同罪と見なしていい様だ。

ママがこちらに着いた頃は、パパは先ず朝痛み初めて、午前中ずっと横になっているという具合だった。そして午後になるとどうやら納まりかけて、外出も可能となる模様で、何とか街に出たり見物に出たりした。とは言え、折角外出しようとしてもおじゃんになったり、反対に午前中から調子がよかったり、だから「よく分からねえんだ」とパパは言っ

ていた。

さて着いた日から二日間は丁度土曜日曜に当っていて全店休暇となるという習慣から、買い物が出来ないというので、食事は下のフラオに頼んでドイツ料理にお目見えしたという訳だったが、月曜からは早速ママの手で始まる事になった。パパは病に倒れてからは、食事はずっと下のフラオにやってもらっていた。

ママの作戦は、（一）生野菜を摂る事（二）何でもいささか消化の悪い状態で食すべき事（三）夜寝る前に冷たい牛乳をたっぷり飲む事（四）おばあちゃんに作って貰った卵黄油を塗る事。日本から持っていったおびただしい痔の薬はパパには結局ドイツで既に食傷していて、どれも使おうとはしなかった。誠に孤独で勝手な自己療法ながら、此の四つが私、ママたちに出来得る総てであった。

ドイツ人は生野菜をあまり摂らぬというので即ち無いのかと思ったら、キャベツがあったので早速求め、確かに青いお葉物というと何ら見当たらないので、生野菜と云うとキャベツという事になり、それから三食三食何らかの形でキャベツを食する事になる。下の家族は見るとキャベツ等買ったこともない様子。サラダ菜は自家菜園に植わっているのに、我々日本人が食べるだけ。生というときゅうりのみの様。でも庭の樹々から取れた色んな果物、苺、リンゴ、サクランボ、黒いちご、ヨハネスベアー（日本にはない？）等々山ほど取っている様子だからビタミン等それで代償させているのだろう。

所で、三食三食何らかの形で我々必ずキャベツを食する訳だが、これには下のフラオも驚いて、

「貴女の旦那（イール・マン）は、マグロ（トゥーン・フィッシュ）にご飯をよく食べていたけど、奥さんが来たら今度はキャベツ、キャベツ、キャベツ（コール、コール、コール）だね」

と呆れている始末。

パパは自炊していた時、色々楽しんで食していたけど、なるべく手がかからなくてもいい様に、ハム、焼き豚、ソーセージ等をよく食べ、只缶詰の時はやはり温める必要からキッチンに降りて煮る。日本製のトゥーンフィッシュがおいしかったので、それをフラオは缶詰ばかり食べているのだなと思っていたらしい。確かにデパートの食品売り場では此のメイドイン・ジャパンが数多く置いてあって、パパはもともとトゥーンフィッシュ（日本で

はつまりマグロのお刺身）がベリイと云うよりオンリイ好きでもあるのだ（笑）。

それにライスは電気釜で炊くので、これも下のキッチンに降りる。それでヘルまいいまはトウーンフィッシュとライスばかり食べているとうつる。だから病気になったと思い込んでいるみたい。こういう時、ドイツ人は全く頑固にそう思い込むらしく、訂正はきかないという。

ママが買い求めた痔の本によると、通常患者は痔にかかると、消化の良いものを少し食したがるものだが、そして流動食なら害が少ないだろうという事で、ほとんど下痢時と同じ療法をしたがるものだが、これは実は全く逆と考えていいそうだ。だからむしろ消化の悪いものを食する事で、好結果が得られると書いてある（三枝純郎著『再発しない痔の治し方』）。これには納得したので、ママはなる程と思い、それから療法としてこれを実行した。

生野菜を摂り、根菜類を料理する他に、きゅうりは皮の部分を残したり、或いは種の部分もわざわざ含んで見たり、オレンジ等は袋ごと呑み込み、パンはライ麦のパンを……という具合に消化の悪い食事療法である。果物類はこちらでは皮ごと食べる習慣だから、その点は正にパパは遠慮はいらない訳。それからこれも日本から持参した菜食の勧めという本も役立ったと言える。それは日本人にとっての肉食の害を説いた森下敬一著の本だったが、これは外地にあって、彼等の膨大な肉食、バター、チーズの消費生活の中にありながら，なおかつそれに逆行するという事自体ママに正当づけてくれると同時に、道理にかなった自信を植え付けてくれた根拠となったのは確か。

日本人には（特にパパはママ以上に……という事は女という生物以上に男性は根っから従来の日本人というものが、身体の隅々までしみ込んでいるから）やはり菜食がふさわしいのだという事をママは自信を持って、彼等の前で堂々と料理を見せつけながら作る事に何らコンプレックスも抱かなかったと云える。ともすると最近の奥様方は（私もその一人だが、少なくとも此の本を読むまでは）西欧人の如き洋食こそ人間にとって最高の食物だと思い込み、日常はそれにほとんど近いと云える様なっているのが現状だが、現地に来て彼等の肉類、チーズ、バター等の日本では及びもつかぬ消費量を見せつけられると、我々も負けじと、或いは懸命に同じ様にしたいと努力する傾向があるようだ。でもこの本はそのようには教えていない。

まあ、肉食の害は西欧人とてある訳だろうが、彼等は遊牧民族種として肉食に適した長年の歴史と生理が体内に備わっているというのがその理論となる。従って肉食の歴史を持たぬ農耕民族種であったが故の我々日本人が彼等の食事を理想とすると、そこに彼等とは及びもつかぬ害が生じるというのがその理論体系である。だから日本人は菜食を食した方がより身体に適性があって、調子が良いという勧めになる。正にパパはその実験体を経験した見本という事になるのだろう（笑）。

だからママは此の本を読んでからというもの、キッチンを共にしながら彼等は彼等、私達は私達という考え方で、より野菜を豊富に使った料理を作って来たのだった。それから夜の牛乳の励行、そして卵黄油。

二週間、パパは相変わらず午前痛く、午後は何とかよくなるという調子が続き、或る日一日極度の痛みがあって、カミツレ湯を使い、湯枕を使うという日もあった。此の療法は下のフラオの勧めで、最も病状の酷かった初期の一ヶ月というもの彼女が一日も欠かさず、パパに勧めてくれたものだった。一体異国等で、外国人の下宿人のためにこんなに誰が親切を尽くしてくれるものだろうか。フランスあたりでは病気にかかると即刻追い出されるという事だったが、パパはこれには本当に下のフラオに多大の感謝と畏敬の念を抱かざるを得なかった。感謝感謝であった。

此の日は又下のフラオが上に上って来て、米食の害を説き、きつく叱られたものだ。ドイツの医師は、痔にはライスは絶対良くないと云ったそうで、それにも関わらず、毎日奥さんが来てから食べているではないかと怒られた。だから又悪くなったのだ……と窘める訳である。確かにママが料理を担当する様になってから、日本的習慣から毎日ご飯を炊いたものだ。パパは日本的料理がおいしい、おいしいと言って、毎日喜んで食べ、ドイツの材料を使ってママは日本の味がよく出せるねと、一寸悦に入っていたのだった。そしてママはママで、ドイツのパンを次から次に、これ又楽しんで味わっていたのだった。誠に種類が多く、これはもうぞっこん楽しめたもので。それなのに、

「ご飯を食べているのは女房だ。自分はパンで、ライスはたまにしか食べない」等とフラオに弁解していたが、その日からご飯を炊くのを止める事にした。下のフラオの折角の好意を台無しにしたくないと云って。

それからフラオの勧める様に、ライスの代わりにカルトッフェル（じゃが芋）である。パパはパンよりじゃがいもの方が未だ好きなので助かるが、それからはドイツの家庭とそっくりになって、下のフラオがじゃがいもを煮る横で、日本人のママも又コトコトと煮るという二重奏になったのだった。尤もドイツ人のじゃがいもと云ったって昼食の正餐に

食べるだけで、主食としては朝はブレーチェンと云う固いパン、夕方は又種々なパンにバターを五ミ位も塗り、その上にチーズをのっけたり、サラダをのっけたりして、コーヒーなんかで簡単に食べているようだ。

彼等は昼食に御馳走を作るので、これは我々も自然影響を受けて、こっちも御馳走にする。肉を必ず使って。それからキールは港街でもあるので魚類が豊富。北海のせいか、東京では及びもつかぬ取れ立てのタラ、ニシン、カレイなど車で売りに来る。早速フラオにドイツ式調理を習い、昼間から丸ごとのカレイのバター焼き等突っつくのだから豪勢である。

所で夕食は彼等は冷食と云って簡単だが、日本人の我々は今迄の習慣からそう簡単に出来ずに、又温かいご馳走を作る。だから二食御馳走で手間はかかるが随分栄養を摂る訳だ。パパは又外地での唯一の健康法は栄養を摂る事と云う鉄則をかかげているので、これで丁度良いのだと一人合点する。それにどんなに食べても太らんぞとはパパが又有難い先輩顔をふかしてくれたので、ママは『では！』と言わんばかりに食い意地をはる。異国では生理的に痩せるのが多いのだそうで、それ信じていいのかな？

パパはしかし実際のところ、何んにも良くなったという効果は上がった様にも見えず、ママはやっぱりはるばるやって来たもののそれは是か非か、或いは駄目なのかなぁ……とも思ってもいた。

五　フラオ・プロフェッソワの別荘に誘われる

パパに対する食事療法のはっきりとした効果の表れを感じる事が出来たのは、殆どあれは入国して十五日目位の時だったたと思う。午前中ずっと休んで、午後は何とか動ける様になるという毎日の日課が、そして外を歩きながら痛いとか、辛いとかもらすパパの苦しい声が、何か目に見えない力で少しづづ何処かへ退歩していったものか、それが最早毎日変わらぬ日常のものの様にさえ意識されていたのに、或る日よくよく気が付いてみると毎朝の痛手の回復が極めて短時間になっている事、それから外出中の苦しみの訴えの度数が極めて減って来ている事、それればかりかパパの日常の活気というものが可成り高まって来ていて、身体を動かすという事へのそれまでのそれと無い回避が、以前とは打って変わって減って来ている事に、改めてびっくりさせられたと云う具合になった。

十五日目といえば、パパとママは、プロフェッソワ・シュロッサー女史の別荘に招待されていた。

プロフェッソワ・シュロッサー女史の我々に対する厚情は、誠に筆舌に尽くしがたいものがあって、病に倒れたパパに対しても随分な骨折りだったらしく、ママがドイツにやって来てからも、パパ一人の時と同じ下宿住まいではさぞ不自由だろう、多分暮らし難い事だろうという訳で、ヴォーヌング（アパート）を世話して下さったりしていたらしい。しかし我々が引越すにしてはこれ又親切を種々尽してくれた下のフラオに余りにもすげない仕打ちとなるやも知れず、引越すに引越されず、といって女史の厚意も又無下には出来ずで、誠に厚情の板挟みにあって、どうしていいか分からず、うろうろ何とも決めかねていたのが正直な悩みであった。するとそれを見兼ねて、今度は直接女史のミルケンドルフまでのお出ましに合い、パパはビックリするやら、来たばかりのママは何とも戸惑うやら、本当に慌ててしまった。要するに女史は我々が一体どんな所に住んでいるやら、心配の余り不意のお出ましとなり、いわば実地検証にいらしたという訳であった。察する所女史にとってミルケンドルフは余りにも不便な場所にうつるらしい。多分交通も不便ではなかろうか、暖房もないんじゃなかろうか、余りにも田舎じゃなかろうか、確かにプロフェッソワの住まわれているヴォーヌングに比べれば確かにそれは郊外ではあるが、でも不意のお出ましでいらしたところによると、まあ部屋は広いし（二十帖ばかし）、新しいし、下のフラオは親切そうだしという所で及第したらしく、安心して帰られ、それからヴォーヌングへの誘いは打ち切られ、我々も厚情の板挟みから解放されたという訳である。

ドイツに於けるプロフェッソワの威力というものは、丁度日本に於ける現代の政治家の様なものがあるらしく、無論信用度の点からは月とスッポン程の差があると思うが、社会的にも大変地位の高いものだそうだ。その様な地位の高い女史が、ミルケンドルフの我が下宿住まいに単身乗り込んでこられたという事自体、大変なトピックスであるらしく、下のフラオもかしこまり、ママたちもまだ何も揃えていない接客用の食器等総て下のフラオから大急ぎで整えてもらい、漸くコーヒー一杯出す事が出来て、いささか恐縮の限りだった。

ところでその様に博物館なり大学では大した偉いプロフェッソワも、異国人の私たちの前では本当に何くれとなく世話を焼いて下さって、誠にもったいない程の気の使い様、パパが、

「お前も英語で何か話したら」というのを、ママが、

「いや私はブロークンイングリッシュで……」とか、

「アインビスヒェン（ほんの少しばかり）……」と恥じ入るのへ、

「私だって日本語は全く話せない」

とママが何も口から出なくてウロウロするのを、逆にかばって下さるという気の配り方で、本当にこれこそ恥じ入ってしまった。


ここは江原氏のあくまでも御縁、御尽力だと思うが、キール大学の人類学教室のフラオ・プロフェッソワ・ドクトア・シュロッサー女史に御挨拶のためにお会いして、パパはどう気にいられたのか知らないが、すぐ様民族博物館のミット・アルバイターと云う職に採用されたという事だった。ドイツ渡航の夢のような話の際ショイブレーさんが、

「親父の世話で博物館にでも雇ってもらったらいいよ」

と漏らしていたのだったが、それが彼の世話もなく、泰斗も亡くなったというのに、その通りになったのだから、何という好運か、パパの運の良さに驚く他はない。憧れのドイツ、憧れの異国での有料職、これは驚くべき運命の出発と云わずして何だろう。

パパはママが来るそれまで週二、三回は博物館へ行って仕事していたらしいが、ママが

来てからは全く出勤無し。これもプロフェッソワの心遣いで、奥さんが来たから少し散歩等してて下さいと、全然お呼び出しがないそうで、全く何という有難い上司なのか、また勤務なのだろう。尚この日別荘への招待があったのだが、それから何日かして電話があって、正式に日を決めて招待されたのだった。

八月三十一日日曜日、ママたちはプロフェッソワの決めて下さった汽車で朝早く出掛けたのだが、「時間通り二人は出掛けたか？」と下宿のフラオに電話があった由。彼女の別荘のあるキール東方、オストゼー（バルト海）に面したシェンーベルガー・シュトラントの最終駅に着いた時も、間違いなく此の列車に乗れたろうかと心配の余り乗客を一生懸命見つめて探している女史の姿をホームに見つけて、ああ、何とプロフェッソワは、いやドイツ人というのは人情厚い人たちだろうかと、ママは（無論パパも同時に）心より感動してしまったのだった。

私たちを迎えて、いや本当はママを迎えてだったのかも知れないが、女史の時々ママに向ける眼差しというものは、正に遠路はるばる出掛けて来た東洋の可愛いい？婦人に対するいたわりと慈しみの情愛に溢れていて、一瞬間たりとも気遣いと微笑みの表情を失わず、そんなプロフェッソワのお顔に出くわす度に、ママは本当に少しばかり照れてしまわざるを得なかった。

ところでシュロッサー女史の別荘は傑作であった。どうも傑作の主は女史の父上らしかった。庭中花だらけの中の小路を伝わって父上の出迎えを受ける。開口一番、握手しながら、

「コンニチワ」「どうですか?」

の日本語の挨拶に出くわすのだから、ビックリして極めてなじみ深い関係に引きこまれる事必定。約五十年前に日本を訪問なさったときに覚えられた単語らしい。そしてこれでまた総てだということだ。それが未だに口をついて出てくるとは大した記憶というべきだろう。

通された部屋は正に小博物館ともいうべき体をなしていて、ありとあらゆる思い出の写真と品物、贈り物、記念物、蒐集物で埋められていて、昼食に招待されたのものかわ、この珍品揃いのお部屋の歓待に先ず引き込まれて、いくら眺めても飽かぬ興味で暫くはただただ感嘆して見とれている始末。

父上が最も私達に見せたかったもの、それは何と五十年前の日本での写真だった。父上

は三十歳程の若さで、今のご様子からは想像すべくもない若やいだ、あらゆる可能性を内に秘めた美青年ぶりだが（浴衣を着ての）、神戸の、恐らくは小料理屋のごとき二人の日本人の女中か酌婦のその様子の何という未開拓振り。正に丸髷を結った（無論日本の着物を着ての）土人ともいうべき迷妄？振り……。

これが少なくとも父上の日本観の一部であり、記憶の一部をなしてきたと思うと、（或いは壁にこうしてずっと五十年も飾られて来た以上、父上の日本滞在の総ての表徴の様に、彼の記憶の中に止められ、焼きつけられてきているとも言えようが）ママは（おそらくは又パパも）同じ日本人として少しがっかりさせられざるを得なかった。そして本当に五十年前の日本人ってこんなだったのだろうなあと、これまた感慨しきり。全く日本人も五十年で少しはましにもなったものだ、とママは思った訳だった。

シュロッサー女史

それから女史の小さい時の写真。

若い若い母上にスプーンで食べさせて

貰っている、口をあんぐり開けた一、二歳の頃の女の児。海辺で安楽椅子にうずくまった水着姿の女の児。十二歳程。神秘的な目のきりりとした、はかない昔の夢多き少女の頃の女史。プロフェッソワの生い立ち、あるいは現在はまだ独身なものか、あるいは結婚なさっているものなのか、姉妹がおられるものか、又は一人娘なのか、まるで皆そんな事は分からないが、そして又知る由もないが、とにかく父上と母上に見守られ、慈しまれてずっと成長していらした女史の、年齢を超越した（現在四十数歳頃か）少くともご両親のもとに育まれている大切な娘御さんともいうべき概要が何かそこに感じられて、ママは何となく切々とした気持ちにならざるを得なかった。切々と……という気分は恐らく父上母上のご老齢と女史のお年のせいかも知れなかった。

とにかく利発な（末は学者や博士となるほどの優秀な頭脳に恵まれた）一人娘さん（かどうか分からないけど）とご両親との、誰にも邪魔されずまた壊されもしなかった麗しい歴史を、現在の此の別荘の暮らしとその数ある写真の中に見るような思いがして、ママはご家族と接している間中ずっと（例え愉しい気分に浸されていたにせよ）その切々とした気分が抜けないほど、何か或る深い感慨に満たされ続けていた。とにかく麗しい、麗しい親娘の情愛というもの、そんなものに打たれたのかも知れない。

六　父上の傑作工具コレクション室

ところでママが此の家が傑作だといったのは、外に建てられた工作物の事であった。父上が多分何やかやと創作融通なさる能力に恵まれておられるのか、外で一休みなさるための小屋と、もう一つ工作物を収納した仕事部屋を兼ねた小屋が二つ裏庭の方にあるのだった。それのまあ何という傑作ぶり。

先ず四本の支柱を立て、屋根を付け、支柱のぐるり三方下部に羽目板を回し、上方空いた部分はそっくり窓となる。窓といったってもともとガラスの嵌められた一枚のガラス戸を横にして、蝶つがいで羽目板にくっつけてあり、普段は下ろしてあるが、窓を閉める必要がある時は、その戸を手前に開いて持ち上げ押しはめると云う具合。まあ、その創作力利用たるや、日本の田舎の爺さん達の廃物利用の精神と全く異なるところはないと思ったものだ。だからドイツと云ったってその人情は変わるものではないと、ママは噴き出さざるを得なかった。

と云うのも、ドイツ国に俄かに侵入したママにとって、そこは余りにガッチリとしていて、総てが整理整頓され、何処を見ても、いわゆる先進国という名に相応しい立派な家屋敷のみ見せられて来たものの目には、此の父上の小屋作りには正に前時代的傑作に他ならず、そこにいづこも変わらぬ人間性の土くさい残渣を感じ、何となく「やあ、我が同士！」と叫び、握手したくなるような親しさを覚えたからだった。

だってドイツの何処の家庭を見渡しても、家屋敷の立派さもさることながら、車庫物置の類まで煉瓦を内蔵し、りゅうとした石造りで、およそ其処に間に合わせのチョコマカ精神というべき気配は片鱗も全く感じれなかったのだから。無論彼らは世界に名だたる裕福さの理由もあったとしても、その性格の問題として、質実剛健、堅実極まりない民族的性の問題がママには驚異と思えていたのだった。

その小屋の一坪位の半分が昼寝ができるようになっていて、羽目板のない一方の開いた部分（つまり入り口になっている部分）にテーブルと椅子が置いてあって、お茶も飲める様になっているのだが、なにしろ、何とも古物の寄せ集めで出来ていて、それがママには何となくままごとでもして遊んでいる様に感じられてコーヒーをご馳走になりながら、しばし幼な心に還った思いに浸っていたものだ。さあ、それからが大変。父上が今度はそのお手製のベッドにどうしても寝なさい、寝なさいと矢の催促。

「寝て此処で一休みしなさい」と目をつぶって盛んに勧める、勧める。ママはお客に来た身で横になって寝るなんて気恥ずかしい、気恥ずかしい。だけど余りに勧めるので、仕方なく横になった。すると今度は毛布もかけろ、かけろの大合戦。毛布や枕は日本のと違ってすこぶる豪奢、色も派手、派手でママはその親切を無に出来ないから、大きな豪華なクッションに頭をうずめて、とうとう言われた通りに昼寝の体勢。

ダリアやヒマワリ真っ盛りの庭で、写真を撮りまくっていたパパが、帰ってきて、一人静かに横になっているママを見て、びっくり仰天。気分でも悪くなったのかと思ったと見え、

「おい、どうした？」と駆け寄ってくる。

「寝なさい、寝なさいとお父様に勧められたから、仕方なく寝ているだけ」

と告げると、パパはプッと吹き出す始末。とにかく彼等の親切心はこちらの想像以上に手厚いので、素直に受け取っているととかくおかしい事になる。

第二の傑作は工作小屋。これはずっとスケールが大きい。これも多分父上が古材を前にして一生懸命試案なされたであろう工夫の十分に施された建造物で、中に入った途端、父上の子供の様なとっておきの秘密の住処ともいうべき感じ。思うに職を退かれてから、ここでの工作をどんなにか楽しみにして時々滞在しておられたかの、そんな夢のいっぱい溢

れた世界とも見えた。

　壁にはあらゆる工作道具が殆ど全面、所狭しと整理整頓されて取り付けられ美しく並んでおり、これはもう大工道具のオンパレードともいうべき大壮観であった。釘や木ねじ類まで何とまあ大小幾多の種類のびんがずらりと並んできちんと整理、見事座を占めて鎮座ましましていて、日本人の本職の大工さんさえ、これ程の道具は揃えているまいと思えた程のどえらさである。それは使うというより、一種の蒐集癖の現れであったのかも知れないが、それは完全を超えて、いっそ何か劇場のパフォーマンスを思わせるきらびやかな演出を感じさせるものだった。

シュロッサー女史の父

　父上もいささかのお得意と見え、パパとママが驚嘆の目でつぶさに見入っているのに嬉しそうな笑みを浮かべて、至極御満足。一帯にこちらの方の物の集め方というのは、飾り物といい、必需品もそうだが、我々日本人とは桁外れにどえらく集めるのが習慣なのか、何時もびっくりさせられることばかり。経済的地盤の差なのか、下宿のビエルナート家でも、地下室に自家製の瓶詰が何百となく並んでいるのだから、圧倒させせられる。ママもそれは長年の夢だったが、実際に本場で見てみると、「ああ、これだけの瓶を集めるのも大変なものだが、中身を作製するその労力たるや、考えるだけでも最早限界」といささかげんなりした感じがしたものだ。とてもとても追いつくものではない。

それに下宿のフラオのお姉さんのご主人の事だが、お勤めがありながら、趣味で鶏を一千羽飼っておられるそうだ。「エッ？　ゲエ！」とならざるを得ない。そしてそのお姉さんの地下室には、もっと、もっと自家製の瓶詰があるときいたが、とにかく揃える量にしろ数にしろ一帯に我々とはどうも桁が違うと言えそうだ。

シュロッサー女史の別荘では、その他輪投げをした。父上が地べたにこんこんと棒を打ち込んでおられるから、何が始まるかと思いきや、船を繋ぐ際の太い大きな綱で丸い輪が出来ていて、輪投げだった。全く此処は娘の美久でもいたら格好の遊び場だったろうが、父上、女史、パパ、ママという結構年取った大人がそれに打ち興じる姿など、うまく入って手を叩くところは丸で子供の集団ともいうべき図であった。

さすがに父上には年期が入っていると見え、入る、入るの一番の芸達者。だが折角訪れた遠来の客を退屈させまいとする、此の様なもてなし方にはチョッと感心させられるばかり。とにかく父上にはユーモアと機知に溢れた絶対のもてなし力があって、我々全く退屈させられなかったものだ。女史もこうした父上の明るい気質、目配りの繊細さ等を受けておられると見受けられた。

いよいよ別れの時が来て、一旦門の外へ出るが、プロメナーデという防波堤の高い散歩道に上がり、女史の家屋の覗ける個所に来て振り返ってみると、或いはそれを待ち受けていらしたのか、父上が最後の別れの合図に先程の輪投げの輪をポーイ、ポーイと放ってのご挨拶。ママたちはまたまた微笑んで、手を懸命に振ったというわけ。一方母上といえば老齢ながら緋色のプルオーバーを召されて、銀髪の気品高いお方だった。お料理がとてもお上手だった。

七　パパのその後の病気是か非か？

さてパパのその後の状態だが、女史の別荘に朝早く出かけた事、それ自体彼の日課の状態からいくと、正に禁断の行為と言えた。でも女史の別荘で楽しい一日を過ごして帰って

見て、家にたどり着いてから、さて、パパの身体はどうなっているか、我々は思い出したという訳になる。するとパパの返事は、

「やあ、それを忘れていたよ」との事。

「全然忘れていたの？」

とママは素頓狂な声を上げ、不思議な思いで、

「全く痛くなかったと云う事？」と訊く。

「全く忘れていたんだから、痛くなかったんだろうね」

とこちらも不思議そうな声。

そしてママはすかさず叫んだという訳になる。

「貴方は治ったんじゃないの！」

確かにそう思わせるに足る今日この頃が、ママには突然ふっと希望をもって思い出されたのだった。思うにパパの朝の痛みは日を追って短縮され、甦りが感じられていたとも云えた。

初めママが来た頃は、午後迄かかっていたものが、何時しかどんどん短縮されて、気が付いてみると、こうして朝方から出かける様になっている事自体が驚異だった訳で、遠出

をして一日中遊び回ってこれた事、そしてなお且つ帰り着いてからも痛みを忘れていて、それ以後もまた痛むような訳でもないなんて、本当にこれよくなったといわずして一体何というべきか、正に驚きでしかなかった。だからママは、

「貴方は本当によくなっているのよ。私が来て、少しは良くなっているのよ！」と思わず叫んでしまった訳だった。パパも素直に此の時は、

「うん。そうかもね」

と漸く肯定したのだった。

そして此のことは、生野菜療法が図に当たった事を意味し、結局はママがドイツくんだりまで押しかけて来た事の正当化の肯定でもあり、実行力の勝利でもあったとも言えよう。わずか入国して十五日目の事だった。

さあそれで、何とかなりそうという事になって、ママは大張り切り。一族への待ちに待ったお知らせであった。一族というのは迷惑をかけ、お世話になった両親達、二人の十代のお姉ちゃんがいるママの姉家族、弟達の面々である。

三歳になった娘美久にはパパママのドイツ行きは全く知らせてなかった。最初の家族同行からパパの突然の病気による緊急事態で、娘はママの母親が預かる事になって、関西に

住んでいる姉家族、大学を出てそれぞれ教職についていた独身弟二人が回りもって母と美久の世話をしようということになっていた。つまり親族一同が責任で親代わり子守をしてくれるという約束である。パパの母親はもともと我々の渡航には大反対だったから、全く何の助成もなかった。

八　娘はどうやって生きているか？

待ちに待った娘からの手紙が来た。同居している京都のおばちゃんから。ドイツ二十日目のことだった。さて娘はどうなっているか？　暮らし加減は？　病気は？　等々エトセトラ？　エトセトラ？　東京駅で母と末弟に預けた美久と別れる時、新幹線の窓越しにママがたまり兼ねてわあ、わあ泣いてしまったママを見て、不思議そうに見ていた美久。長《なが》の別れとは知らずに、連れて行かれてしまう自覚も無しに、でも何故ママは人目も構わずこんなに泣くのか、多分納得はいかなかったであろう不思議な世界。そんな最後の別れでしかなかった美久。パパの状態が落ち着くと同時に娘への心配は怒涛《どとう》の如く胸一杯に差し迫って来たのだった。それはもう親心というものは、果てしない不安のルツボでしかない。ましてや遠い遥か異国の地では。

ところがあにはからんや、届いた手紙では、ママの諸々の心配を吹っ飛ばすに足りる愉快な知らせが満載してあった。先ず至って元気な事。二、三日は夕方寂しくなるとぐずっていたが、二十一日から始まる京都特有の地蔵盆祭より美久は心より京都の暮らしに傾倒していったという。毎日毎晩花火、金魚すくい、喉自慢、落書き大会、スイカ割り、パン食い競争、人形劇等その他ありとあらゆる大人のサービスに出会って、連日興奮気味だったとか。そしてその間中夢の様に過ごしたらしい。

そしてその中でもお気に入りの傑作は何だったのかというと、盆踊りだったそう。それはいいとして、炭鉱節にいたく惚れ込んで？おばちゃんは、驚くなかれ！とわざわざ強調して、それは正に意外意外の何物でもなかったように書いている。ママにもそれは驚き以外の何ものでもなかったのは事実。二時間も大きなお姉さん方の間に入って踊り続けたそう。それでおばちゃんやおばあちゃんは未だ身の丈幼い美久が押しつぶされやしないかと、ハラハラしながら見守っていたとか。それから後が又大変。これを知って、ママは或いは喜ぶべきか、悲しむべきか、全くこちらも困っているけど、実はそれ以来何を云うにも炭鉱節口調になったのだそう。でも当節は、炭鉱節たって学校の教材になってるしね、……と弁解してくれてはいるが。

ああ、美久と炭鉱節……。ママにはどうしてもそのイメージは結びつかないが、改めて口ずさんでみて、その決してお上品ではない全体の調子から、母親としてのママには余りに意外過ぎて、相当な阻害感を与えさせられざるを得なかった。そこには親を離れて、野生的に好き勝手にまた図太く自由に羽ばたいている本性丸出しの娘の姿がしのばれてならなかった。全く手に負えないやんちゃなおどけた部分がさらけ出された感じがして、ひどく非現実的な思いにとらわれたのだった。そこには半面底抜けのおどけたパパの資質がうかがわれて、蛙の子は蛙、と思わざるを得なかった。

一両日して、今度はおばあちゃんからの第一信が届く。それを見て、美久の地蔵盆に於ける更なる有様がなお一層はっきりとしてきた。喉自慢で美久はさっさと出ていって、歌ったという。「お馬の親子」だったらしい。三歳の女の子が一体こんな風に自分から進んで出ていって、皆んなの前で歌えるものだろうか？　驚きと同時に、我が子ながら感心させられた次第。その情景をまたママはドイツで想像しながら、今度は少しぼーっとする始末。だって何と健気な事よと、親は居ぬとも子は育つというが、成程立派にやっているではないかと、泣けてくる。正に混合たる心理であった。それから落書きは「ゲゲゲの鬼太郎」。盆踊りではスキップのとき、肩まで手が届かないから、お姉ちゃんたちのだらりの帯につかまって、本当に飽きもせず二時間も大人の真似して踊っていたという。おばあちゃんが「疲れたら途中で止めてもいいのよ」って言ったけど、美久は「おばあちゃん帰ってもいいよ。美久は一人で帰れるから」って、いっぱしな事を言ってずっと踊り続けていたそうだ。

それから翌日から「ニュウニュウチョウダイ」とか「ハシクダサイ、ハシクダサイ」って飽きもせず炭鉱節の口調で真似、皆んな大笑いだったそうだ。

それから美久からの手紙も入っていた。おばあちゃんの代筆である。そしてママは正直この手紙には参った、まいった。全く涙無しには見られない程だった。

ママがくゎら、くゎらと次から次に流す涙を見て、一体何事があったかとパパは手紙の内容を心配して、ママをじっと不安げに見ていた。でもやがて内容の明るさを知ると、「お前、そんなんじゃ仕様がない」というふうに情けない顔をした。というのもこれから先がまだずっとあるのだから。そしてママの親馬鹿をけなしたがる。

と云ってもパパだって、美久の事はママ以上に気にしているのに、そこは男、じっとこらえているし、パパがしっかりしなきゃなお一層ママがぐにゃぐにゃするという心理が働いている訳。だから男はいつだって辛いもの。涙一つ見せないものだ。

美久の手紙（おばあちゃん代筆）

パパママおげんきですか？　美久はげんきです。じぞうぼんがありました。おうまのおやこをうたいました。ちいさいこえだったので、「やさしかったで賞」とかいてあって、はなびをもらいました。ぼんおどりがありました。たんこうぶしをおどりました。坂本九ちゃんのステップもおどりました。たいへんおもしろいでした。きのうはひろたけおじちゃん（注、ママの弟）の大学へいきました。おねえさんがプールにざぶんととびこみました。わたしはかえるかえるとないてみていました。

かやねえちゃん（注、姉の長女）のところへいって、おおきなぼうしをかぶったおにんぎょうをもらいました。あめでかみなりがなりました。美久おとなしくしています。はとがまいにちあそびにきます。美久はおこめをやります。いいスリッパをかいました。

（ここから二・三日おいて）

ママおげんきですか？　パパおげんきですか？　ズイズイズッコロバシをうたいま

す。きのうはなおたけおじちゃん（注、ママの末弟）とデパートへいき、おすしをかいました。三人ででんしゃにのってかえりました。おじちゃんはビール、美久はコカ・コーラをのみました。大きいかにをたべました。いちじくもたべました。美久はいたずらしません。おばあちゃんだいすきです。どうもすみません。さようなら。

美久より

察するところ、お歌の声は小さい声だったらしい。お馬の親子はその日の午前おばあちゃんと歌ったものらしい。それで歌おうと思いついたのだろう。おじちゃんの学校では、多分お姉ちゃんたちが飛び込みの練習をしていて、娘は例の弱虫で帰る、帰ると泣いたのだろう。美久はよくママに怒られたので、ママのいない分ひとしおおとなしくしていることをママに褒めて欲しいのかも知れない。ズイズイズッコロバシにはママまた泣いてしまった。よく東京でも歌ったから。カニを食べたり、イチジクを食べたりお腹を壊さないか知らと思った。いたずらしませんには、ママ反省した。だってよくママは美久を怒ったから。そしておばあちゃん大好きにはやれやれと一安心。東京では美久はよく、

「おばあちゃん大嫌い！」

といって、ママをはらはらさせたものだった。だってこれから先たった一人、頼るべき人なんだもの。そんな事言っちゃ罰あたる。でもおばあちゃんを好きになってママは安心した。『どうもすみません』とは一体これ何？　これにはママ笑ってしまった。大人の真似とはいえ、美久の居候の現在の境遇ではあながちかけ離れているとは思えず、それを思ってはまた一しきり笑ってしまった。正に泣き笑いのダブルスクランブル。それでは、美久の手紙のすいませんを真似て、ママの泣き笑いの顔をほころばしての、これでおしまいとする。

九　キールでの日本人会

九月六日土曜日、キール在住の日本人会に初めて出席した。子供迄入れて十数人しかいないが、その日は医者の瀬田氏が十一日に留学を終えて帰国なさるので、そのお別れ会ともなるべき会合であった。そこで幹事として今度はやはり医者の高木氏が引き継ぎ、その高木氏のヴォーヌングで開かれるものだった。ママまだ着いてより漸く僅か二十日ばかり、一体日本人会とは如何なるものか、好奇心といささかの気重さをもって、パパについていった。気重さとは、たまたま西ドイツのキール市に時を同じくして在住しているだけで、余り職業的にも年齢的にも関係ないものが一堂に会する場合、一体どういうものになるのか、それが勝手が分からない為に何となく少々気重い感じがしたのだった。江原氏がいらしたら、もっと楽しいだろうに、彼はママの到着する五日程前に帰国していたのだった。ママは折角江原氏と会えるのを楽しみにしていたが、案に相違してすれ違いとなっていたのだった。さあ、一体お医者様の奥様方とはどういう人達なんだろう、どんな暮らしをなさっているものか、ママはそんなふうに考えながら、パパの案内する通り、付いて行ったものだ。

メンバーは整形外科医の高木氏一家三人、同じく整形外科医の瀬田氏一家三人、病理学者の宮野氏一家四人、画学生の宮田氏、農業経営学の双葉氏、酪農研究氏、それに画家の前島夫妻、これだけで十五名総て。成程色々だ。一体日本の何処でこんな組み合わせの会合があり得るものだろうか？　やはりそこは外国だからとしか思えない。でもよくよく見ると、三つの括弧でまとまるのだという事が出来る。つまり医学関係、農業関係、芸術関係と云う三つの分野。

先ずママは高木氏の一人娘、茜ちゃんに注目した。二歳半程。美久と一年程の相違。それで途端に置いて来た娘に思いを馳せる。ああ、一緒に来れたお医者さんのご家族って羨ましいなと思った。その他宮野氏もこの八月四日着かれたばかりで、今年一年生になったと云う（ドイツは八月入学という事で）坊やちゃんと幼稚園の坊やちゃん二人連れて、堂々外国に来れるのだから、何て彼等は羨ましいと思わざるを得なかった。それから瀬田氏、生後六か月の赤ちゃんを抱いて、こちらもドイツでお産なさったと云う事で、ママは益々お医者さんの家族っていいなと心から思った次第だった。

と云うのも、日本で江原氏からさんざ忠告された事は、一度お医者さんを呼んだら数万飛ぶぞ、入院でもしたら十万じゃきかないよ、手術と云う事になったら、五十万は軽く吹っ飛ぶよと脅かされていたから、幼子を連れて来る事を不安と恐れをもって、困難に感じていたのだった。従ってお医者さんの家族って何て恵まれているものよと思った訳。

宴たけなわとなって、ママは瀬田氏からドイツでのお産について聞く事が出来た。もっともママがお医者さんて何の心配もないから羨ましいと力説した事から、もう一つはハンブルグの日本人会（約千人）がやはり病気に対する在住者の種々の心得とも云うべきパンフレットを丁度キールの日本人会にも送って来て、回覧した事等から、話題はその事に移り、色々なアドバイスをきかせて貰ったのだった。それで、お産の費用は約千マルク（邦貨約九万円・当時）、かかると云う事だった。しかし彼等はそれすら保険に加入することで丸々返ってくると云うことで全くついている。それに彼等自身が例え入院する羽目に陥っても、或る種の保険にさえちゃんと入っていれば、入院の費用等総てを支払ってくれてなおかつ余りある手当と云うものが出るという事だから、何の不安もないという事だった。

まあ、とは云え自からも医者だし、お勤め自体も病院そのものだし、それに最高の職業、それ位の特典あるのが当然だろう。それに比べ我々画家と云うのは、総て私費、往き帰りの航空料金も何処と云う機関も出してくれるあても全くある訳なし、何らの特典もないのだから、誠にけったいな職業と云わねばならないだろう。

画家の卵、独身ではたまたま宮田氏だけが早く出席していた関係上、妻帯者達が口を揃えて、同情する。

「一人では大変でしょうなあ」すると宮田氏の返答、

「いや、僕はちっとも大変じゃないけど、でも親父が大変だと思いますよ」と笑って答え、期せずして皆大笑いした。

ちなみに当時の航空機の状態とは、まだ自由旅行の許されない時代なので、国営の日本航空の巨大な客席にはたったの六人位しか客は居なかった。女性はママ一人。あとはお役人風の男性とか、ビジネスマン風のお偉方。三人ほどいたスチュワーデスは手持ち無沙汰で、客の白人に英会話のレッスンを受けていたものだ。ハンブルグまで十七時間かかったから、北極まわりのアンカレッジでの給油のため一旦飛行機を降りて、構内で休息を取った。下働きから何まで白人だったのがママには目新しく映ったものだ。笑うなかれ、それ程日常的には日本国内ではまだ外人には鎖国状態だったから。航空機旅費は二十六万円何がしほどだった。公務員の給料が八万程だったから、大金だった。ママは夫がドイツに居住しているという理由で渡航の許可が下りていた。

日本人会の場所は医者の高木氏のヴォーヌング。ミルケンドルフの下宿とは比べられない程上級の住まいである。

お料理はさすがに日本的そのもの。なめこ汁、たくあん、おろし大根、煮豆、八宝菜、サバの味噌煮、ご飯等正に純粋日本食オンパレード。それから無論ビール、洋酒類、ワイン。高木氏と瀬田氏の奥様の苦心の作。ママはうっかり此処がドイツという事を忘れて味わっていたが、「あ、いけない」と途中で気を取り直し、『此処は遥か日本から西方数万キロの異郷の地。奥様方が如何に苦心してこれだけの材料を揃えて下さったことか。それに経費も相当に高くついた事か。だってこちらには丸で無いものもあるのだから、それを感謝せずに味わう訳にはいかないのだ』と心に噛みしめながら頂いたのだった。

奥様方は若くて綺麗で、何んの屈託もなげに賑やかに客達の望郷的願いを出来るだけ叶えてあげようとばかりに、キュッヘェと客間の間を行ったり来たりのフルサービスというところ。そのうちおかかをかく例の特有の高らかな音がしてきたから、ママはあんな物まで持って来られたのかなと、こっそりとおかしく思ったものだった。

独身の若者の方々の食べる事、食べる事。それは正に驚きに値した。ママは着いたばかりで、余りまだ日本食にそう飢えてなかったが、一年乃至二年になるという若手の方は、

「本当に日本人会のみが、たのみなんでしょう」

と云う具合に、文字通り、むさぼり食うという感じだった。片っぱしから平らげていって、双葉氏等ものも言わずに、ビールと日本食を咀嚼なさっている。尤も末は社長さんらしく、二代目で大変なお金持ちだという評判だったが、さすがに鷹揚な態度は若いながらも立派だったが、とにかく山程あった（多分どちらかの奥様の日本の家庭から送ってきたであろう山本山の）焼き海苔類まであっという間に平らげられたのにはびっくりした。正

に彼等にとって日本人会はオアシスなのだなあと、改めて思ったものだった。少なくとも若き独身者にとって、はたまた胃袋にとって……。

次いで面白かったのは（と云っては語弊があるが）宮野氏の坊やたち。先ず上の坊や。食事をする前に何の料理であれ、箸を手に持ったまま、じっと睨んでいる。そしていっかな手を付けようとしない。坊やのパパが笑っていうには、

「ドイツに来てこのかた（やっと一月目だった）何を食べさせられるか分からないというので、じっと警戒しているんですよ」

との事。だからパパさんが、

「此処のは安心していいんだよ。日本料理なんだから。全部大丈夫」

と促してあげて、やっと坊や安心したという具合だった。ところが見渡して見て、どうも一つだけおかしな物がある。それが大きな硝子鉢に盛られた大根おろしの上にたっぷりのっけられたナメコ。それが気に食わぬと云う表情。なるほど、なるほど。

「これはなめこ、なめこ。子供は食べなくてもいいんだよ」

という訳でやっとOK！　可愛いいお口が初めて動き出した。要するに、子供とて変わった外国等にきて、結構気苦労しているのだなと思った次第。子供は大人に比べてすぐ馴染

むといわれ、言葉の難関も何のその、二、三日で順応していくものだと聞かされてきたが、宮野氏の子供さんを見て、ああ、子供とて子供なりにやはり苦労はあるものだと思わざるを得なかった。

高木氏のお嬢ちゃん茜ちゃんも最初青い眼が怖いといって、外を歩けなかった由。そこで青い眼のお人形を与えて何とか慣らしていったとのパパさんの苦心談だった。それからおばあちゃまの所へ帰りたい、帰りたいと泣いて、お部屋の窓辺から遥か外を向いて、(多分あっちがおばあちゃまのいる所とでも考えて) 一週間ほど泣き続けておられたとか。まあ、年齢的にも娘の美久より一年ほど下、変わった世界へやって来た感覚が不安と恐れを醸し出すのだろう。従ってやがて美久が来る時の事を想像して、深く考えさせられる次第だった。

それから更に宮野氏の下の坊や。こちらが又傑作で、可愛いい事をいうので人気者であった。大人たちが話が弾んで、夜のふけるのも構わず話し込み、では子供たちだけ寝ようと云う事になって、寝室に案内される。すると早速ママさんに、

「置いて帰っちゃわない?」

と第一番の心配。

「置いて帰りませんよ」と言うママに、

「では電気を消さない？」と第二の心配。

「消しません、消しません」とママが言い、少しは安心したと見え、

「じゃ、鍵かけちゃわない？」と更に取り越し苦労は続き、宮野氏のママは少しばかり面倒くさくなって、

「かけるものですか。安心して寝なさい」

なんて言っている。すると坊やはやっと総ての確認を得たと思って安心したのか、では寝てもいいと云う事になった。

納得して行きかけた坊や、今度はふっと足を止め、

「うーん、寝間着は？」

と又もや不安の反芻している様子。大人達がどっと笑うのを尻目に、自分でもそれをすかさず察したのか、

「寝間着は着なくてもいいんだよね」

と一人合点して、今度こそはやっと寝室に入っていった。まだ四歳程。その気の配りようは、実に念が入っている。坊やのパパはゲラゲラ笑っていた。

これも異国ならではと考慮すると、その用心深さはいじらしいものであろう。

三人の子供達はこうして寝室に入っていったが、一向に寝る気配がない。最初驚いたような顔をしていた茜ちゃんも、だんだんと日本語の通じるお兄ちゃん達が面白くなったと見え、次第にエキサイトしてくる様子があり、そのうちにどやどやと起きてきて、大人たちも、

「今日は土曜日だから騒いでもいいか」

という事になって、まあ、その楽しそうに遊び回る事。結局思うに、彼等にとって高木氏のヴォーヌングの一角こそが正に日本の領分とでもなったみたいだった。

ドイツでは土曜と誕生日以外は夜更け迄騒ぐと途端にアパートの住民が抗議にくるそうで、油断はならないらしい。トイレの音も遠慮がちだそうだ。

初めはむっつりとした表情の茜ちゃんも、見違える様な明るい笑顔となって、キャッ，キャッと言って飛び回っている。

何しろドイツでは夜の大人の会合には、絶対に子供は加わらぬ事になっていて、折角招待されても、子供の扱いに困って、ドイツの親たちのように、一人子供部屋に置いて行く勇気もなければ、また習慣もないので、止む無く欠席することが多いらしい。でもまあ、

今日は日本人会だからいい事にしましょうということになって、子供たちもわあわあ、きゃあきゃあ、坊やのママが見かねて、

「眠たくないの？」と子供たちに聞いたら、

「眠いけど、帰るのは嫌！」

と云う始末。正にこれ至言と思った次第。ところで瀬田氏の赤ちゃんだけが、自分が異郷等にいるという事も知らぬ気に、それにドイツで生まれたと云うことなども一切関係なく、すやすやと全く番外の顔をして眠っていた。

一〇　夢のシュロス（城）へ

翌日曜日はビエルナート一家とシュレスビッヒ・ホルシュタイン州主催の馬術大会へ、火曜日はシュロッサー女史の勧めでラテルネンツーク（提灯行列）へ、翌水曜日はまたフラオビエルナートの招待で、フライリヒト・ムゼオム（野外博物館）へ、それから又女史の勧めで、キール港への海軍練習船の見学という具合に、毎日の様に紹介されたり招待さ

れたりの連続で、少々無理をした感じだった。ママはやや疲れたり、しかしまた元気を取り戻しては外出し、しかし連れて行かれる何処とて総ては初めての、又楽しくも珍しい経験ばかりで、疲れ気味とはいえ、対象の面白さでつい肉体的な疲労を忘れてしまって、正に夢中で過ごしていた。

そしてあれは九月十五日のこと、独日協会の会長（といっても若年の方だが）よりの招待で、エムケンドルフのシュロスへ案内された。その時既にママは身体の具合がおかしくなっていたが、車が迎えに来るまでどうやら行ける状態にまで回復していたので、パパと同乗して出かける事にした。ゼイバッハ氏は三十歳そこそこ、八十キロ制限の自動車道路を百二十キロのスピードですっ飛ばす意気軒昂の主、ミルケンドルフよりも更に三十キロも奥地へ奥地へと開けていく北ドイツの風景は、ついつい身体の不調など何処へやら、ママはすっかり魅せられてしまったということになる。音にきくリンデンバウム（菩提樹）の並木道をすっ飛ばし、深い森を分け入っていくと、何かそこだけが一ケ所急に開ける様になっていて、いわゆるシュロス（城、館）がまるでおとぎの国の、しかしいささか零落した様子はまぬがれないが、まごうかたなく貴人の館としてひっそりと姿を現すのが我々の目に映る。ゼイバッハ氏の住いが此のシュロスの一角にあるということで、意外にも彼と一緒に日本人のI君が住んでいると聞いて驚かせられた。

彼は未だ二十代そこその若者、はるばるドイツまで農業研修生として酪農の研究に渡って来たと云う事だったが、酪農の研究はそっちのけ、今ではゼイバッハ氏のもとで、あらゆる美術工芸品の修復を手掛けてもう既に二年半も滞在していると云う事だった。

もともとそんな仕事に関係はなかったが、金を使い果たし、知人の副領事宅に転がり込んで、帰るべきか否か、身を持て余していた際に、たまたまゼイバッハ氏が出入りしていて、自分の仕事を手伝ってみないかと身受けされた由。ところが手伝っているうち、彼の真面目さをかわれて、（無論仕事の質の良さもあったのだろうが）ゼイバッハ氏の片腕ともなって、今では日本に帰りたいという希望も空しく、いっかな手放してはくれないとこっそり愚痴を語ってくれた。

ゼイバッハ氏は独日協会の会長をしているだけ、なうての日本通だから、彼の言うには「日本の酪農たって、将来はたかが知れている」と言ってこの仕事に身を入れた方がいいと盛んにはっぱをかけられた由。ところがI君としては、果たして日本にこちらと同様な美術工芸品が存在するものか、恐らく身を立てるほどには存在もしていまいだろうし、例えあったにしても、自分のような者には入り込むすきはあるまいと甚だ絶望的な状態。確かに日本では大体学識経験者がそうした修復に当たっている現状から見れば、正に彼の判断は不安だらけとは理解出来る。従って彼はジレンマを抱きながらも、ゼイバッハ氏にすすめられる通り滞在期間を延長しては、ずるずるべったりに、二年半の滞在を重ねてしまったと告白してくれる。

先日の日本人会でも彼は最後に遅れて訪ねてきて、無口の性分らしく、ただひたすら日本食をむさぼり食っていたっけ。二年半といえば一番の長滞在。さだめし故郷の味は身にしみたことだろう。

我々I君の此の様な境遇は知らないではなかったが、その親分がゼイバッハ氏とはまるで意外だった。此の二人の生活は、きわめて面白く、コの字型のシュロスの真ん中の中央部分が御貴族主のお住まいで、コの字の両翼の部分が昔召使いとか使用人の住んでいた住居であり、ゼイバッハ氏とI君の住んでいる部分は、多分その昔兵隊達のたむろしていた部分だろうと話してくれたものだ。

それから別棟になって、馬丁小屋、厩、穀物倉庫等と並んでおり、ママたちがその日見学させてもらったのはつまり主の館の部分で、食堂、居間、サロン、図書室兼書斎、狩猟蒐集室、美術品兼武具室と、ざっとこんなものだった。

一一　憧れのシュロス

食堂では現在の当主（男爵バローンと云う事だったが）のために既に昼食の準備が進められており、サロンでは十八世紀に建てられた当座の往時の面影をしのばすように豪華なシャンデリアが輝き、天井一面を飾る彫刻、或いは壁に連なるレリーフの類は、実際には丹念に描き込まれた絵で、いささかまがい物の感じはしたものの、先ずかっての貴人たちが来る宵、来る宵を華やかなイブニングドレスで踊り、かつ愛を囁いたであろうそんな雰囲気が十分に感じられるもので、ママはドイツロマンの世界に引き込まれた様な感動で一杯だった。それが何と僅か一月目にしての色濃いイベントだった訳で何という幸せ。

日本では敗戦後貴族制度は完全に消滅させられたが、ドイツには同じ敗戦国にもかかわらず貴族制度は温存しているものらしい。しかしドイツといえどもソ連占領下の東ドイツでは、大地主の土地は没収されて農民に分け与えられ、地主貴族は全く消滅の憂き目にあったらしいが、アメリカ占領下の西ドイツではそう云う事はなかったらしい。同じアメリカ占領下の日本とドイツではまた相違があるが、多分アメリカもソ連への見せしめと云う事になったら、やはりある意味自由主義の豊かさ華やかさを見せびらかせたかったのかもしれない。

それはさておき、おびただしい蔵書の並べられた図書室は、本の立派さもさる事ながら、歴代の殿様方のきらびやかな油絵の肖像画は又豪華そのもの。中でも一際立派なのはかの有名なフリードリヒ二世（大王）が、さる昔当シュロスに御光来あらせられた時の記念との絵画だったが、教科書でしか知らなかった遥かな歴史の中の啓蒙専制君主が此のような身近な形でお目にかかれ、身に迫ってくるなんて、いささかママには思いがけないトピックスであったものだ。

その他、主の書斎ともなっている室のデスクの傍らには、歴代の殿方達の用い、集めたであろう古いステッキ等の何と沢山そのまま保存してあったことか。ママは実際に二百年近くもの間、此の館の貴人達がこれらのステッキに手に触れ、豪華な灰皿、ペンの類などに彼らの生のしるしを飽かず染み込ませていたのかと思うと、確かに人は間違いもなく死んで行くものだと（肖像画だけを残して）という何となくはかない様な実感が湧いてきて、古い館であればあるほど、そこに秘められた歴史の深奥《しんおう》にしばし陶然となってしまわざるを得なかった。

それから狩猟蒐集室。鳥獣の剥製並びに殿方達の勇猛の狩りの成果と保存をしらしめした鹿の剥製頭骨の陳列場。ずらりずらりと何十とあったことか。

　ここ等あたりは、今でも野生の鹿の侵出するところらしいが、随分と殿様方には彼等狙われたものだ。ママはシュロッサー女史の別荘に行く列車の中から、結構鹿の飛び出す姿を目にしたものだ。何とも北ドイツはおとぎの国風。ただし我々鹿を殺すなんて見たこともないので、ちょいとばかり可哀想な気がしないでもない。それからどの部屋にも世界各国から集めたらしい美術工芸品が、陳列ケースに所狭しと並べられていて、それも貴人らしく恐ろしく高価なものばかり。

　日本の金蒔絵の煙草入れ、それからお針箱としては余りにも贅沢きわまる精巧な細工を施したもの。刀剣の類、日本刀も数振りちゃんとあったし、武具、槍。それからこれは日本から運んだにしては余りにもどえらく大きい、やはり金蒔絵の鎧櫃。ドイツ人は全く何でも集めるのが一般人でも好きらしいが、こちらは貴族様、さすがに世界各国、スケール大きく、手を伸ばした欲張りのお殿様のコレクションだったものだ。

　サロンから直接開けた庭園は、森の一部を邸宅の周りに導入した見はるかす芝生の敷き詰められた自然園そのままのたたずまいで、案外と加工のないものに感んじられた。後で気づいたが、いわゆる加工した西洋風庭園は、今はすっかり凋落した感じで、ゼイバッハ氏の部屋のある、つまり翼部の裏手方にこれまたでっかい規模で造られているのが見えたものの、もう往年の面影はしのぶよすがもないほど荒れ果てていたのが分かった。戦後の荒廃というか。

そして今は、年老いた当主たちはさて置いて、召使の住居部分であった両翼部はゼイバッハ氏の他、幾組かの間借り人達が住んでいるということだった。但し殆ど年寄りばかりだそうで、そう云えばママたちが車を降りて前庭を横切る時、珍しい東洋人が来たとばかりに、あちこちの窓からそっと覗いている年寄りたちが、見えたものだが、帰りはもう人の気配はぱったりと消え、ぴたりと閉められた窓ばかり。一体どんな暮らしをなさっているものか興味はあったものの、所詮は覗く事も出来ない彼等の孤独の城であった。

ゼイバッハ氏の接待はチーズフォンジュ。日本では未だ紹介されていない、初めて見、経験したチーズフォンジュだった。当主のお殿様もお出で頂いた。但しI君の列席はなし。

一二　ママの身体の異変

ママは確かにその日、十八世紀のロマンチシズムに酔っていたのだろう。それまで何となく自分が異国にやって来、白人種の中に暮らしていて、種々珍しくも又変わった経験をし、尚かつそれが実感として、自らにひしひしと迫ってくるような感情が余り湧かなかったのだが、此のシュロス訪問は正に異国そのものずばりを、ママに与えてくれたのだと思う。というより、これが異国的情緒、素晴らしさの根源というものだったのかも知れない。それでママは帰ってきてからもボーとしていて、ああ、確かに自分はドイツという所へやってきて、遠いヨーロッパという国で夢の放浪をやらされているのだと、絶えず反芻しながら、しばらく酔い続けていたのだった。そしてこの感覚的陶酔が肉体的疲労を完全に制圧していたのか、自分が何処かがおかしくなって、生理的系統がいささか狂ってきている事など、微塵も自覚する事が出来ずに、翌日を迎えていたのだった。

そして数日来頭痛のあった事など気にもとめずに治ったのであろうと信じて、昼食をし、例の頭痛は風邪のせいかとも考え、症状の出ぬうちに風邪薬を服用しておいた方がいいと考え、日本から持参した錠剤を二粒ポイと軽い気持ちで飲み込んだ。そしてそれが胃の中で溶けたかどうかと云うほんの一、二分後に、ママは身体の異常に一寸気付いたのだった。要するに立ちくらみと云うやつ。それでこれはいけないと思い、ベッドに横になる。ところが治るどころか異常は益々自覚される。それは頭脳そのものの硬直と心臓の激しい不調を伴っていた。一体何だろうと瞬間悪い予感がしたのだった。そしてこの日本ではかって出遭った事のない身体の異常に、ママはぞーっとせざるを得ず、忽ち死の恐怖感に捉われてしまったという訳。

パパに早速伝え、これも日本から携えて来た応急手当の書物を指さしながら、「一寸読んどいて頂戴。脳と心臓の所」と告げ、願うはたった一つ、救いの神、「お医者さんを！」と叫ぶ。

その間にも天井が大揺れにゆれ、意識を失うまいとして必死に目をつぶり、すると瞳の奥の視覚がぐゎら、ぐゎらと崩れる思いがし、そのうち心臓が息詰まるようになり、おまけに全身の震えである。

パパは下のフラオに告げるべく走りだし、丁度彼女は昼寝していて、心臓と聞いてびっくり仰天、駆け上がって来た。心臓はフラオのご主人とお姉さんも悩まされているだけ（ドイツには心臓の悪い人がおびただしく多いらしい）扱いも慣れているらしく、すぐ湯たんぽを足に入れてくれ、角砂糖に含ませた薬を何か飲まされた。幸い脳の異常にもかかわらず、意識はなくなるまで至らず、ただ視覚の奥部が時として、崩れるよう感じるばかり。恥ずかしいがママはこの時、本当に一巻の終わりになるのかもと、思った次第。

熱湯の湯たんぽを入れてもらい、身体の震えは止まったが、頭部の硬直は一体何なのだろう？　ママは頭を一分でも動かしたら、或いは途端に意識を失って死んでしまうのではないかと恐れ、じっと静止したまま、ただひたすら医師の到着を待った。そしてその間にも激しい不協和な心臓の鼓動は、ママの全生命をおびやかすように高鳴り続け、ああ、ママは遂に此の異郷の地で死んでしまうのだと考え続けたのだった。そして美久とも会えずに、可哀想な一人ぼっちとなって母娘は遂に離れ離れとなり、美久は多分ママにどんな異変が起きたのかも知らずにママを失ってしまうのだと、そこまで考えてしまうのだった。

そして昨日のシュロスは、ママにとって素晴らしい経験だったが、あれは即ち見納めの美、有終の美であったのに違いない。するとこうなる考えに至る。ママはやっぱり来なかった方が良かったのだろうか？　若し来なかったら無論普通の身体で、まだぴん、ぴんとして居たろうに。確かに毎日の仕事は苦しかったとは云え（絵画教室を開いていた）少なくとも命取りまでには至らなかっただろうに。

二十数分もたったろうか、ドクトアの到着だった。ママは初めて見るドイツ人の医師に挨拶する元気もなければ、目を上げる所作も出来なかった。目をあけると総てが総崩れするような感じがしたのだった。でも本当は照れくさかったのかも？

彼は先ず脈を取り、血圧を測る。パパとフラオが矢継ぎ早に症状について報告し、ドクトアは失神はなかったか？と訊く。日本での様に聴診器をあてるでもなく、衣服を脱がせる訳でもない。じっと報告を聞きながら、様子をうかがっている。そのうちにママは又視覚が回り始めたが、パパにそう伝えた。するとドクトアは再び血圧計を。そしてやがて、おもむろに過労だろうという事になったみたい。日本からやって来て一ヶ月、外地暮らしの過労が出たのだろうと。つまり慣れない土地での身体的、神経的過労の両方らしいと。しかしママはいささか不満であった。だって、過労などまるで感じてなかったのだから。それに事実余りにも楽しい事だらけで夢の様な日々だったのだから。最後に結論として、良い空気を吸い、散歩を勧められた。

要するに、血液の循環が悪く、頭部に古い血がたまり、頭痛はそのせいだろう。そして血圧が異常に低いとの事。そして最後にパパが、

「食べ物は？」と訊き、「アレスグート」（総てよろし）との答えにパパが怪訝そうに、

「コーヒーは駄目だろう？」と訊くと、

「飲んでいい。何でも飲む方がむしろいい。アルコホルもコーヒーも」と云われ、「ムストリンケン？（飲まねばならないって？）」

とパパがびっくりしている。というのも、ママのコーヒー飲みが少し度が過ぎるとかねてから危惧していたから、それで頭がおかしくなったのだろうと信じていたからだった。自分が余り好んでいないせいである。

ドクトアは別に注射する様子もないし、ママは早く注射か何らかの処置をしてもらわねば死にそうだったが、いっかなする様子はない。まあ、大した病気でもないという事が分かったところで、さて、とでもいうのだろうが、下のフラオが自分のことを盛んにドクトアに訴え初め、手に水仕事をするとぶつぶつした物が出来て困る。ほら、こんなになっているだろうと皮が剥けているのだ、一体どうしたらいいか、薬を貰えないか？等と盛んに訴え始めている。本人の病人を置いて失礼なとママは思ったが、こっちでは注射とかはやらないのかなあと考え直して、でも例え医薬分業とはいえ、若し瀕死の患者だとしたら、やはり何らかの手は打ってくれるのだろうと思い至り、

「又、目が回る」とパパに訴える。

パパがドクトアにそう告げ、すると、

「ああ、そうか」と云う具合に、ママの方に向き直る。それでやっと注射だった。全く忘れた頃に。まあ、それでこっちもやっと安心して、人心地がついて、ほっとする始末。

ドクトアはママに対する処方と、フラオの折角の訴えを聞いて、その処方と、パパの痔の分までフラオが一生懸命請求してくれたお蔭で、三枚分書いて本日の診療終わり。

パパの分は、九月で博物館との契約が終わるので、今保険があるうちにお医者さんから沢山薬を貰っておいた方がいいというフラオの親切心からだった。自分で払うのは大変だぞ！とフラオの目は云っていた。ともかく何であれ、医師の処方がないと（と云う事は診察もして頂いた上でと云う事になる。当時は日本ではまだ医薬分業にはなっていなかった）薬一つ買えないのだから、此の時とばかりフラオは何やかやと医師に訴えているのだろう。それで後から彼女は、

「あのドクトアは親切だ。親切だ」

フラオ・ビエルナート

しい。

と褒めあげていたものだ。

「お父さんは堅かったけど」と。という事は彼は二代目らしい。

こちらでは、後から葉書で請求書が来て、それを持って病院迄支払いに行くシステムらしい。

「医者を呼んで欲しい」

と下のフラオに申し出た時、

「プライベートな支払いになるけどいいか？」

と念を押されたそうだ。外国人で保険に入ってないから、心配してくれたのだろう。こちらの人も余り呼ばないと言うから、やはり相当に高いものなのだろう。でもまあ、二万位用意しておけばいいだろうと、手ぐすねひいて待っていたが、一月たった今全然請求無し。少々戦意（この場合支払時の意思とも云うべきか）をそがれてしまっている。

ところで薬代は約千七百円だったそう。下のフラオが、

「これは高い（トイヤー）だから、よく効くだろう」と言っていたとか。

それで我々笑ってしまった。フラオにとっては、何でもトイヤー、トイヤーなんだから。

二、三ケ月後に請求書が来たが、二十六マルク（約二六〇〇円)。二六〇マルク（二万六千

円）の間違いではないかと何度も見直したが、たったの二十六マルク。ビエルナート家の家庭医だったからとは、誰しもの判断だったが、どうもドクトア江原氏の日本での警告もこれでは信用おけないというもの。でも大助かりで世話無し逆転セーフ。ちなみに日本人はとかくその区別がつかずに、一寸した病気にも専門医を呼ぶ。するとべら棒に高く要求される。どうも日本国内での悪弊がやはり伝播しているのだろう。

一三　突然異変に対する再考

ところで、日本ならばここで二、三日もすればメキ、メキと云うところだが、最悪の状態は脱したものの、一ケ月たった現在未だ殆どよくなったという実感は持てなかった。それが外地でのつまりは住み慣れた土地から引き離された人間の生理的実情なのだろう。東洋の人間が西洋の人間になるためのジャンプ。ここは最も辛い試練の場というものかも知れない。江原氏に依ると（彼は人類学博士と医学博士の二つの称号を持っているから、彼の意見は医学的にも正しいと見なされて良いと思う）その人の最も弱いところに現れるものらしいが、江原氏は歯だったそうだがパパは痔。つまり二人して入り口と出口。

「でもお前さんのは夢がないねえ」と彼には言われたそう。

で、ママはと云えば、脳髄と云う事になると、

「ではお前さんは、脳が一番弱かったという事になるのかね？」

といわれる訳だが、

「まあ、どうせそうでしょうよ」とむくれて見たものの、一寸ばかしスローで、鈍感なところ、案外弱かったのかも。身体は嘘つかない。

さて一か月の間で何故そうなったか種々思いあぐねて見たところ、身体的過労は東京の生活から渡欧までの言い尽くし難い活動、子供の絵画教室を四十人近くレッスンしていて、車の免許取得に二か月半を要し、それから人に預ける為の家中の整理と、渡欧の準備、それに娘の中耳炎の発病、(これは後で勉強した人間因果現象で知ったが、中耳炎というのは、何か言ってくるのじゃないか、何か言ってくるのじゃないか？と云うこだわりがある時にかかるものだという。娘にドイツ渡航を絶対秘密にしたせいでそうなったかと正に思い当たり、やはり三歳の幼子に酷な思いをさせたと大いに反省した。娘は診療に入ると、

「先生、注射を先にしてください、注射を先に」

と大声で泣き叫ぶのが常だった。アデノイドも切られ、且つ耳の治療は注射より痛いものだったのだろうか？と今にして思いやられる。親としては思い出すだけで、その辛さは忘れ難いものだった。そして新幹線での長の別れ。それらが総て現在の身体の不調の原因だとすれば、納得させられずにはおかない。

低血圧については、思いがけない記述がある。その前にパパの為に強行した野菜療法について一考せねばなるまいが、体質には陽性体質と陰性体質があって、前者は身体を冷やす作用を持った葉菜類果物等を多く取ってもいいが、後者はそれを取り過ぎると、極陰性疾患（貧血、冷え性、眼精疲労、胃下垂、子宮下垂、脱肛等の内蔵下垂症、ヘルニア、アレルギー、ノイローゼ）を起こす。素人でよくはわからないが、やはり余り取り過ぎるといけない人があるらしい。だから多分、約一か月の生野菜療法はパパには良い結果が出たけど、ママは反対に低血圧となった。どうもそんな気がしてならない。それで、結局パパに、

「お前さん、じゃあー一体何が食べたいかい？」と尋ねられたら、

「ローストチキン、ローストチキン」

とママは痛切になって叫ぶ始末。

「だからお前さん、肉に飢えているのだな」

と云う事になって、ママはここで一先ず生野菜療法にお別れすることにした。

それからは出来る限りチキン攻勢。今までは肉といえば牛肉と豚肉のみを手掛けてきたが、(何故ならこちらでは鶏は丸一匹単位でしか売ってないので、捌いたりする調理の面倒さと習慣もあって、敬遠していた)下宿生活の不自由さから料理法にも限りがあって、何となく牛豚肉に飽きが来ていたのだった。だって日本人と云えば、あの甘だれ醤油をつけてのこってりと焼いた肉料理がさぞかしと思われるのだったが、醤油が又こちらでは貴重品、デパートでは売っているが結構高い。その上下宿キッチンではもうもうと煙を出すわけにもいかない。醤油の匂いが又こちらドイツの家庭では迷惑にもなろうと考えると、とかく肉だけではなく、野菜料理にしても限界があって、そうは自由にはいかないのが普通とくる。

ここで改めてチキンについて再考して見るに、鶏のあの小味のきいた良さというものは、どうも日本人向きなのかなと思う感じもある。彼等は見たところ鶏よりはぐっと大型の鴨、あひる、七面鳥という類を消費している様だ。というのも量的に多いせいもあるのだろう。天下のフラオも日曜日となると、これらの丸焼きを必ず作っている様だ。これを親子四人(夫婦と十三歳、五歳の男の子)で平らげている訳だから、大量消費と言える。とにかく習慣とは怖いものでママたちにもこちらに来てからチキンなんて、如何にもチャチに見え始めて来た事か。レストランでも縦割り半羽分が一人分なので、日本ではもも一つで十分だったのに、こちらでは平気で大食いするから、環境とは不思議なものだ。

まあそんな訳で、ママは兎の様に食べていた生野菜を減らし、肉類をぐっと増やす。それにお医者さんお墨付きのコーヒー、ビール、ワインの類も何でもござれとばかりに解禁となって、いささか異国に来て、贅沢というところ。まあ、自費滞在としてはついている方だろうと自覚する。

一四　ドイツ人のタフさ

空気圧の関係?で、日本人留学者はこちらでは三分の一しか仕事が出来ないと云う事を聞いたものだ。無論外地の不慣れな土地のせいで、ばてるのが早いのだそうだが、どうもママには不思議な事がある。ドイツ人は習慣とはいいながら、何故必ず昼寝をするのだろうと云う事だ。商店等も昼休みが三時間もあって、店員たちも家に帰り、その間正餐を取って、必ず昼寝をするらしい。そして又ご出勤の様。奥様方もそれぞれ自宅でお昼寝。お昼に御馳走に呼ばれても、食後昼寝して下さいという事になるらしい。家の方がたも午睡して、又起きだしてコーヒーとケーキと云う事になって、散会となると云う。正に奇っ怪。

それからもう一つ不思議なのは、彼等は何故働く時間が少ないか？と云う事。先ず商店は十二時から三時までお休み、そしてまた夕方六時までだが、水曜と土曜は午後休み。日曜は完全に休み。会社、銀行などは土曜も無いのだから、一体彼等は何時働いているのだろうと云いたくなる。それに国家的には世界でも有数の此の経済大発展だから、正に摩訶不思議としか云い様はないだろう。

日曜日に働いてはいけないと云うのは、キリスト教の十戒の一つらしいが、それを別としても、こんなに休みを取る習慣が出来たからには、先進国の余裕があるとは云え、彼等の風土的影響もそうせしめたのではないかとさえ、思う所以《ゆえん》無きにしもあらず、此のママの想定は如何なものだろうか。誰か明快な解答を与えてはくれないものか？　つまり、北国圏（ドイツは意外にも樺太と緯度的には同じ）の空気圧のせい？

それに比べ、日本人は時間的には何と働くのだろう。八時半から五時まで。お昼の休みもそこそこに、惜しげもなく精力を果たして、しかも夜の残業さえこなす。何とまあ、健気な事よ。さもしいと云う考え方もあるかも知れないが、或いは風土的な心地良さのせい、いわば風土が四季寒暖に恵まれ、その豊かな空気の様なもの、或いは気圧かも知れぬ人間に取って余りにも快適なせいで、そう詰めても苦痛にならないがゆえに、我ら日本人は歴史的に働く事をそう拒否せずに営々と頑張ってきた、とは言えないか？　異国、いや北欧ドイツに来て、つらつらとそう思わざるを得ない毎日である。

と云っても戦後西ドイツの復興の驚異の源である、ドイツ人の名誉の為に、では彼等は働かないのかと云うと、そこは体力でこなしているのではないかと、ママは想像している。下のフラオもよく昼寝はなさるが、働く時の精力はすさまじい。それを証明するのに、格好の話題が生じたものだ。

冬の為にジャガイモの貯蔵をするのらしいが、一ツエントナー（百ポンド）＝五十キロが店で十六マルクから十八マルク（千六〇〇円から千八〇〇円）、それを直接畑に行って自分で掘ると六マルク（六百円）でいいらしい。それでビエルナート夫妻は出かけて行ったようだが、九時頃車を連ねて出かけ、三時頃までかかって持ち帰ったカルトッフェル（ジャガイモ）一体いか程だと思えるか？　想像も及ばないと思う。

何と何と十八ツェントナー九百キロ（写真）。

メンバーは、ビエルナート夫妻、おじいさんおばあさん、ご主人のお姉さん、奥さんの弟さん、それに子供達二人、地下のガレージに広げてあるのを見て、（写真参照）パパママ、きゃーと叫んだもの。想像も及ばないどえらい量だった。掘りも掘ったり、九百キロ。一トンに百キロ足りない訳だ。一体日本人にこれが出来るだろうか？　彼等の体力はとてつもなく素晴らしい。此の時ママは負けた！と思ったとしても、許されるだろう。

ジャガイモ収穫

ああ、何と我々日本人は華奢な事だろう。これだけの量をこなすのも程遠い話だが、先ずそれよりも、それだけの量をものしようという考えを持つその事自体が及びも付かないのだから、のっけから桁違いの観念の中に生きて居るという事も言えるだろう。彼等が我々の三倍も食量をこなすというのは、やはり体力の差でもあるのだろうと思えるのだ。十分に休み、十分に食べ、十分に遊んで、（土曜日はここビエルナート家でも引きも切らず客がよく行き来するみたい）それになお且つ、これだけの体力が揃えばいい事だらけ。

最後に、下宿人の我々にも四十キロのカルトッフェルを分けてくれた。ビエルナート家の同じ地下室に保管。

一五　お勝手は舞台

ママが来て一月ぐらい経ったら、ハンブルグへ進出したいと言っていたパパは、ママがやはり気疲れで、少々調子悪くなって下のフラオにすっかり親切にお世話になったりしたが、それが理由で少し決意が鈍ったようだった。と云う事は、ハンブルグに出るという事は、ヴォーヌング暮らしになるという訳で、それはつまり独立すると云う事で、独立して気兼ねなく暮らす事は快適でも、一旦病気にでもなった時は、日本と異なる診療制度の中で果たして大事に至らぬうちにちゃんと医師に適当な処置をしてもらえるだろうかと云う事になると、誠に言い知れぬ不安がこみ上げてくるのは至極当然だった。それに娘の美久がやがてやって来た時の事まで考え合わせると、不安は尚一層増大して、夜など子供を抱いて如何にせんと慌てふためく様等想像すると、やはり独立決心は付き兼ねた。郷に入っては郷に従え、ドイツ本国人の懐に抱かれ保護されている方が何かの時ずっと処置早くいくだろうと考えると、ここで彼等を避け独立するのは余り冒険の様な気がしてならなかった。

それからもう一つ独立する事は、即ち本国人との接触がそれだけぐっと減る訳で、外に仕事を持った男性はともかく妻にとっては誠に不利ならざるを得ない。折角外国に来ていて、彼等と遠ざかっている暮らしは、外国語の覚えにも影響するだろうし、ママがやって来たのの当初の願いとしての、彼等の生活の中に入り、彼等をよく知り、直接体験したいという興味しんしんの願望にも反し、全く無になってしまうのは余りにも情けないし、またもったいない事態となる事必然でもあった。

パパはパパで、

「結局女にとって台所が独立してないのは、打撃だと思うがね」

と云う見解があって、ママの顔をうかがうように見つめて言ってくれるが、ママはそうした理由から、

「一緒にやってても私断然平気よ」

と強く否定している。だって日本では無論よそ様に自分の料理を覗かれるのは全くいや、

交渉されるのもいや、顔を合わせるのも本当にいやということになるが、こちらでは逆にママにとっては全く違う経験は結構面白いという感じになる。彼等と違う扱い方をしただけで、例えばジャガイモの皮むきだって、切り方だって、向こうは好奇の目で見つめる訳だから、何をやっても張り合いがある。却って素知らぬ顔をされる方が、面白くないとくる。これは全く不思議な異国人的感情とでもいうのか、何か自分が演技者になった様なつもりで観客を十分に意識している訳だから日本では煩わしいことが結構楽しいのである。だから、どんな料理を作るにしても、彼等の好奇の目がチラと動くのがママには楽しくて、まだまだ見せてもやりたいし、出来る事ならご馳走もして上げたいとそんなふうに考えて、全くママには気にならない。そして逆にこちらも彼等のなす事、見える事には興味満々なのだから、正にお勝手は舞台という感じ。

出来る事なら彼等の、お鍋の中、料理の中まで引っ掻き回して味見迄して見たい位なものだが、そこはお互いつつましやかに、ただ内容を聞いたり、驚いたりして澄ましている。だから誠に異国人同士って面白いものだ。

カールステンという五歳の坊やが、ママがお料理している時でもさっさと入ってきて、自分でお八つなど作ったりするが、ぐたぐたに煮たお粥にココアをかけ、砂糖を振りかけて、牛乳をかけ、シナモンを振って食べたりする。ママはそれが一体どんな味がするものなのか、一匙食べてみたい興味があるけど、それはぐっと我慢して「おいしい？」等と聞いてみるだけにする。するとカールステン君「おいしいよ」とお返事しながら、ぺろぺろ食べて、さっさと出ていったりする。とかく彼等の食べ物には尽きない興味が一杯ある。

ビエルナート家では、何でもよくぐつぐつと煮る癖があって、生野菜は殆ど食べた事がない様だ。きゃべつまで大鍋で一個分位千切りにして、日がな一日煮たくるので溶けて無くなりはせぬかとママは気を揉む始末。パパは生キャベツが断然と思っている日本男子なので、そんな煮たくったキャベツ等嫌がるが、ザウワークラウト（酢漬けキャベツ）をとろとろと餡の様に甘酸っぱく煮て、肉と付け合わせると、ママには意外に美味しくいただけた。新発見である。

ビエルナート家では土曜日となると､明日の鵞鳥か何かの大ご馳走の為に､此のザウワークラウトを煮る甘酸っぱい匂いが必ず家じゅうに立ち込め、パパはいささかげんなりするが、ママは何時か作り方をしっかり習っておこうと考えさせられると云う次第。

それからこんな事あった。冷麦を煮ている時、先ず「なんだ？」と訊く。
「ヤパニッシュ（日本の）パスタ」と答える。

そしたらフラオのお姉さんも来ていて、二人で生のまま盛んに味見。煮上がってから水で洗うと、

「お湯がいいだろう？」という。

「いや、水がいいのだ」というと、

「パスタならお湯だ」と。

ママは逆に『へえ、お湯で洗うのか』とびっくりする。それから色どりの赤いの緑のを指して、

「こりゃなんだ？」とまた驚く。

「一本の赤、一本の緑、綺麗だろう」というと、

「ウー」とうなって驚く。

おつゆの薬味に何も無いので、オレンジの皮を刻むとまたまた驚く。

「それは何か？」と訊くので、ママは深くすーと息を吸って、

「いい香りがする」と説明する。

彼等もケーキを作るのにレモンを擂りおろして入れるから、これは納得が出来たと見え、

「おお、そうか、そうか」という訳でけりがつく。彼等の驚きの目を後に、いい匂いをたっ

ぷりさせてママは二階に料理を運んだが、彼等は、

「グートアペティト（よろしく召し上がれ）」

と云いながら、さぞ一口味見したかったろうなと思ったが、日本から持って来た貴重な最後の一輪、とても彼等の興味を満たすに足る量はなかった。

まあ、こんな風に何かにつけてとても面白いので、引っ越すのはもったいないという訳で、現在も頑張っている次第だが、

「お前がそういうなら……」と云う事で、パパもヴオーヌングへ引っ越す気持ち、此の間の日本人会で十一月に日本へ帰国するという清田氏の後へ私達が引っ越すという内約束もしてあったのだが、それも家内がこういう次第だからと断り状を出し、暫く此のビエルナート家で暮らしを楽しんで落ち着け様という事に本決まりした。

そして此の冬中をパパの制作に向け、来年の二月頃にハンブルグあたりで個展が出来たらというパパの設計図も漸く出来、それまでは引っ越しの夢はこれで終わり、後は北欧の冬とは如何なるものか、期待半分不安半分で待つという事になった。

そして雪に閉ざされた冬が終わったら、ハンブルグなり何処か都会へ引っ越す事、何故なら画家の活動はやはり大都会以外には考えられないからである。しかし大都会は絵画の

活動はしやすい代わりに、生活費もべら棒に高くなる訳だ。ヴォーヌングだけでも恐らく四百マルク（四万円）から五百マルク（五万円）はかかるだろうといわれている。現在ビエルナート家では百八〇マルク払っているが、これは断然安い。何故安いかと云うと、交通の不便がある。アウトクラフトという郊外バスがあるが、これが何と夕方の六時半でなくなるのだから誠に不便。夜遅くの外出の場合は、我々車がないからタクシーになる。その点が不便で何とも嫌になる。キッチンが一緒、これはまあ、ママの場合むしろ勉強の場として帳消しになるから、まあ考えないとして、強いて言えば交通の不便が唯一の不利点となるわけだ。

此処ビエルナート家では、広く清潔な二階部屋、又ベット家具付き、シーツカバーのクリーニングも定期的にやってくれ、中央暖房完備、それから食器類も総て貸して貰って、バストイレは無論付、庭で出来た野菜は貰えるし、木々になった果物は山程頂けるし、まあ、外国人という訳でフラオのサービスは結構親切、まるで云う事なし。だから確かに百八十マルクは何とも安い事限りなし。交通不便だってビエルナート家の車を使ってもいいといってくれるが、こちらが遠慮しているわけで、こんな厚遇は異国では文句なしと云う他無いだろう。

そして此の経済的な恵まれた境遇は、そのまま我々のドイツ滞在を長びかせてくれるわけだから、我々は安上がりにするべきがまっとうとなると考えるべきなのだろう。でも大都会にはパパの仕事上、やはり積極的な希望と魅力があり得るし、果たしてどちらを選ぶべきか種々ジレンマに陥ったりしたが、先ず健康の立て直しがお互いに第一と考え直し、今は此の田舎でのんびりと暮らしながら、身体の良くなるのを待とうと云う結論となり、今はここミルケンドルフで英気を養うべく留まろうと云う考えにやっと落ち着いた。

一六　娘を呼びたい

さて、どうやらドイツ滞在の設計図が出来てみると、考えるのは美久の事ばかり。ママは病気で寝ている間夜不眠症に悩まされて、二時、三時まで寝れなくて困ったが、頭に浮かぶのは、日本に置いて来た美久の事ばかりだった。そしてドクトアの云う通り、異常に神経が過労させられていたと見え、何だかギラギラと研ぎ澄まされた刃物のイメージばかりが浮かんできて、毎夜毎夜恐怖に取りつかれていた。刃物といってても単にカミソリの刃の様なか細い刃の切れ味というものではなく、それは丁度十八世紀の市民革命に使われたあのギロチンの如く大きく重く、幅広い刃物で、又ギロチンと同じと思われるような速度さえ持っていると云えた。ママは刃物のイメージに苦しめられながら、あのマリーアントワネットの処刑の際の苦しみと丁度同じような辛さを味わっていたと云える。そして思い至るのは、幾多の処刑された民族的な人々の何という苦しみだった事だろうという残虐を極めた歴史へのイメージであり、人間自身が人間を処刑する理不尽さに怒りと恐ろしさを持って打ち震え、やがて何人であれ絶対にその様な恐怖の前に立つこと自体余りに超人間的で耐えられないと（例えそれが罪人であろうとも）、それを断行する行為こそ、人間に如何なる場合であれ、それは許されるべきではないと、ただただそのイメージから逃げ出したいが為に一人悶々として夜をあかすのだった。

そして殆ど一週間ばかりドクトアの処方した睡眠薬もまるで効き目はなく、神経は空虚な程常に開きっぱなしで、一体何時閉じてくれるのだろうと不安はつのったが、とにかく美久さえ手元にあれば、此の不安はかき消され、不眠症も無くなるだろうと、どんなに美久を呼びたいと思った事だろう。

美久は最初の予定では、京都のおばちゃん（ママの姉）が十二月のクリスマス頃に、ロンドン旅行に加わっているから、その時連れって行って上げようと云う約束があって日本へ置いて来たのだった。そして最近航空業界も自由渡航が許されて、これが多分ＪＡＬパックの走りだったのだと思う。その頃はパパの病気も何らかの決着がついていようし、何事もそのときまでの辛抱だと思って、ママは美久と別れて来た事情があった。ママはパパの病気を何とかしたい一心で、美久の事を余り深く心配もせずにおばあちゃんに（他の姉弟が補充してくれると云う約束を前提として）預けてきたのだったが、パパの身体が何とか好調に向かうにつれ、今度は娘の事が心から心配になって来たという具合だった。誠に勝手な心理状態だが、パパの事は本当にママにとっても美久にとっても一大事なのだから。だからママは美久の事はおばあちゃんで何とかなるのなら、この際はパパを何とか助けて上げたいと思い込み、今度はこうなると、ともかく美久を早く呼びたいと云うママの執念となって、十二月のロンドン行きまでとても待てそうもないとテンションは上がりっぱなしとなった訳だった。

そして今度は一人で飛行機に乗って来れないかとまで執念は思い詰める。と云うのも、やって来る前にその様な制度があると云う事をエージェンシーに聞いてあったし、ママが飛行機で来て見た感じでは、スチュワーデスに頼んでも左程大変な難事でもない様に思われたから。だって十七時間の滞空時間なんてすぐに経ってしまうだろうし、美久はママから見たら聞き訳が良くて、十分に話してさえ聞かせれば、多分それに耐えられるだろうと思っていたが、ママが寝ている間パパは盛んにハンブルグに一人で出かけていて、日航支店でその制度を詳しく調べて見た結果、日航側の返答はどうも芳しくなかったようだった。要するに三歳半という年齢は、余りに幼な過ぎて明らかに困惑の表情であったそうだ。

ここに要点を記述して見るが、問題はアラスカにあるらしい。アラスカではママも経験したが、全員飛行機から降り一時間の休憩時間、機としては整備時間となる。搭乗員にとっては交代時間があり、その交代時間で小児の責任者を誰かに限定しておかないと、やはり責任を持たされた社としては困ると云う訳だ。スチュワーデスが出来る場合はそれをやるが、不可能な場合は誰か専門の看視者ともいうべき者を雇わねばならない。社では無論都合つけてくれるが費用は親が負担すると、ま、そんな事らしい。それから搭乗地即ち羽田、搭降地即ちハンブルグでの見送り出迎えの確立、若しハンブルグに出迎えがない場合は又元の場所へ即ち羽田に送り返す。その費用も又親の負担。

そして実際に子供を送る様になった場合は日航に対して誓約書と云うべきものを出さねばならぬ。そしてその誓約書の裏には便名、日付け、便の自至、出発地の付き添いの氏名住所TEL，到着地の出迎えの住所氏名、TEL、それに中継地の住所氏名まで書き込む事になっている。中継地の保護監督は社が紹介してそれに委託する事になる訳で、それはまあ、心配は不要。

それでその誓約書の内容というのが、かくの如く『同小児の貴社航空機への搭乗前、搭乗中及び上記目的地に到着後の保護監督について、貴社及び貴社関係役職員に対して一切の責任を問わない事、次いで目的地では必ず出迎えをいたします。若しない場合は又送り返してくださって結構。その費用は親が負担します。それから小児に若しもの事があっても、親が一切責任を負い、貴社のせいでは無い、中継地で又何かの事故が起きても貴社に対して一切責任を問いません』と云う風な内容で、もっともだとは云え、いささかショックを受けざるを得ない。

まあ、これは社としては当然の措置だろうが、そしてだからと云って、決していい加減に扱うと云うのではない宣言の現れとはいうものの、何か此の内容にはむしろ拒否の加減の表明でもあると云う程の隠された意思が認められて、寒々とした感じを受けざるを得ない。ともかくも親で無ければこれ程の艱難辛苦があると云う事実を知らされて、恐ろしいと云う感情を持たされた。

とにかくやはり万一の事を考えると社としても怖いし、その折の事を考慮にいれれば、万全の処置をと云う証文なのだろうが、とにかく親側としては此の内容で人に子を依頼すると云う事の難しさを知って、目の覚める思いがしたのは事実である。そして此の計画はおじゃんとならざるを得なかった。

そして後から来たおばちゃんの手紙でも、おばあちゃんの手紙でも、とても一人では行けそうもないですよとあり、やっぱり駄目か……と遂に諦めざるを得なかった。

美久はママと別れてからずっとおばあちゃんだけが頼りとなったらしく、片時も離れ様としないそうで、近所のお友達が遊びに来ても駄目、ママの弟のおじちゃんたちが出かけようと云っても駄目、ただおばあちゃんとだけ外出するようで、その用心深さはさすが可哀想な位で、おばあちゃんがトイレに行っても付いて行くのだそう。「トイレよ」と言うと、「では行ってらっしゃい」と手を振る始末。それで、

「パパからおいでって言って来たけど、一人で行く？」と訊くと、

「一人じゃないでしょ。東京からママと一緒でしょ？」

とママはやはり東京と思っているらしい。ドイツに手紙を書く度にパパ、ママお元気ですか？と云いながら、ママはやはり東京だと思っている所は、何と云ってもまだ子供だ、

とおばあちゃんの手紙。

「ママじゃなく、飛行機のお姉ちゃんとね」と言うと、

「じゃあ、おばあちゃんも一緒に行こうよ」

等ととにかくとりとめがつかない様子。そこはやはり三歳半の子供の知恵しかないとの事。だから此の計画はやはり危ないからと云う事でさっぱり諦めるしかないと云う事になった。

一七　ドイツ一周旅行への旅立ち

さてママも大体身体の具合が良くなって来たようだし、パパもいいので、今未だ寒くならないうちにドイツ一周の旅行に出たいとパパはしきりにプランを練っていた。色々なルートがある訳だが、先ず目的地はミュンヘンと決め、そこから帰途主要都市に寄ってこようというプラン。そして身体の調子が二人とも良かったら、チロル地方（オーストリア）或いはチューリッヒ（スイス）身体の具合が余り良くないので、疲れないようミュンヘン

迄飛行機で飛ぶ方法もあって、こちらは鉄道もかなり高価なので、飛行機もそう変わりないだろうと云うフラオの話だったが、旅行社で調べた結果、ハンブルグ↓ミュヘン間が飛行機だと一五〇マルク、汽車だと一一六マルク。確かに鉄道も高い等と言っていたら、どうも一等らしい。一等で行く必要も無いから、二等はどうだと聞いたら、七十二マルク。まあこれ位なら普通だと云う事で、汽車にしたが、後で駅で切符を求めたら、周遊券で割引がついて、一人一二八マルクになった。それに、しかも通用期間が八週間、実に安い、安い。

コースとしてはキール、ハンブルグ、ハノーバー、カッセルと、往きは東ドイツ側に近い鉄道を走って、フランクフルト、ニュールンベルグ、ミュンヘンと走り、帰路はミュンヘンより再びニュールンベルグ、フランクフルトと、そこからライン河畔の表街道ともいうべき鉄道に入り、ボン、ケルン、ブレーメン、ハンブルグと行こうと云うプランである。

キールを出たミュンヘン行き急行は、例の一室毎に別れたコリーダー・キャリッジ（通廊付き客車）と云う構造。一室が六人定員だが、裏コースのせいか、第一日目の目的地ヴュルツブルグ迄途中から碧眼ブロンドのご婦人が一人加わったのみ、殆ど私たち二人の個室見たいな状況で気楽な感だった。

外は今正に秋たけなわ。樹木の黄葉の何と美しい事か！　こちらにはいわゆる公孫樹《いちょう》が全然見当たらないが、それに匹敵する堂々たる風格を持ったプラタナスがあって、それが一際明るい黄葉をなして、目も醒める様。それから白樺が実に多い。東京辺りでは絶対見られない白樺は、要するに楚々たる風情を持った樹だが、此処北ドイツでは林や森の常緑樹の中に点々と白樺の黄色が混じっているのが見られ、それが段々と枝元から葉が散って、細い枝先にのみポチポチとした葉を残し散りばめた恰好は、何か花火の今しも散り咲いた瞬間を見る様で、とても可愛らしい。酪農の国らしく、延々と続く牧場と牛の群れ。これは何処の国とて同じだが、この白樺の印象はとても美しく感じられる。

ヴュルツブルグは私がキール以外に見た初めての街と云う事で、此の都市の持つ、こくのある上品さが、どんなにかママの胸をときめかせてくれたことか。着いたのが七時も過ぎた夜だった所為も手伝って、ただ明るく照明されたショウウインドウの明るさだけが、何か道往く人々に問いかけ、誘いかけ、或いは観光客を魅する土産物屋とかが、とにかくキールとは格段の差を持った風格を持って、私には目新しく感じられてならなかった。

要するに観光客というもののその土地に求める感情は、極めてその土地的なものの歴史ある古い物、特性というものだと思うが、一番つまらないのは、意外と近代式都会なのだと思う。だってそこにはビジネス以外の何物も無いし、それに加えて各国共通の風情以外何も見当たらないのが普通だから。日本に来る観光客が京都、奈良へと流れる気持ちが良く分かる。

ヴュルツブルグはレジデンツが有名。分立ドイツに数ある十七、八世紀の宮殿の中でも特に傑出したバロック建築という事だが、その大きさといい、造りといい、内部装飾といい、壮麗なフレスコ画に彩られた部屋が続き、中でも階段の間は圧巻。世界一大きなフレスコ天井画もある。多分ヴェルサイユ宮殿への近似を目指して建立されたと思うが、余りに高潔壮大で、そう感動は無かったとしか言えない。失礼ながら先程も述べた様に、此の間見たエムケンドルフのシュロスの方がずっと人間味があって、私には興味津々たるものがあった。無論比べ物にはならないけど。そこには未だ人が住み着いているのだもの。そして綿々たる歴史の陰影があって、生活が感じられる。そして何という可愛らしい殿様たちなんだろうと思う。そこは余りにも可愛らしいちっぽけなるが故の貴族たちの営みがあって、我々観光客、日本人には親しく、無論紹介もされてはいないけど、その特性にかえって感激したのだった。

それからレジデンツからの帰り、街の中央通りともいうべき所で、誠に運がよかったのだが、教会の午後三時の鐘に出逢い、鐘楼の動く人形を見る事が出来た。これは正に私にとって打ってつけの喜びと感動を与えてくれたが、その後各都市でもっと規模も大きく、歴史や挿話、地域のドラマの盛られたものに数個も出逢えて、その古き素朴なあどけなさとかが、如何にもお伽の国ドイツらしく、これは今回の旅行の特筆すべき感傷と思い出となったのだった。

此れは滅多に出逢えない決められた時間だけの鑑賞ものだが、偶然にも行った先々の都市でこうした鐘の調べに出逢い、人形を楽しみ、歴史を探り、聴けた事に私は何か遇然ではなく、神の引き合わせ見たいなものを感じ、感謝せざるを得なかった。

次はミュンヘン。今回の旅行の主目的地で憧れの都市ではあったが、余り良い印象は無かった。此の度の旅行はツアーではなく、完全な個人的なもので、総ては行く先々でホテルとかをパパの交渉に依って決めていたが、先ずホテルのサービスが芳しくなかった。それに加えてパパの病気。ヴュルツブルグでは二泊したが、その印象は清潔で人情も上々で、宿泊費も高くなく朝食付きだったのに、此処では費用も際立って高い上に、朝食はつかず、掃除婦の女の子は無愛想で挨拶も無し。そして部屋が一階だった為に前が生憎ガレージで一日中車の音に悩まされたものだ。パパがおまけに風邪気味で熱を出し、散々であった。しかし二泊し、又別のパンジョンを予約し、移る事にした。そこで今度は俄然ミュンヘンの印象は向上。部屋は五階で、明るく真新しく、おかみさんは英語もベラベラの上に上品なインテリ。朝食はルームサービスと来た。お陰かパパの調子も良くなり、動けるようになり、やれやれだった。部屋代は安かったが、しかし最後の支払いでは何やかやのオプション?が付いて、結局はこの旅行中最高の金額になったのだから、大都会というものはやはり魔物。二泊してミュンヘン合わせて四泊。

市庁舎（ラートハウス）・新市庁舎地下（ラッツケラー）のビヤホール、フラウエン教会、アルトネカテイク美術館、古代博物館、ノイクンストハウス、イギリス庭園、ニンフェンベルク城。そんな所を見物。

特筆すべきはやはりミュンヘンのビールかな。アルコール分の少ないのがヘル、強いのがドンケル。私達は軽いのを頂いたが、誠にそのなめらかさといい、爽やかさといい、申し分なく結構なものだった。そしてたかがビールというなかれ、その特筆すべき味わいはさして飲み黨でもない、いわば淡々としたアルコール好きに過ぎない私にも忘れ難い魅力と衝撃的印象を与えたから、さすがビール本場ドイツだと思った。

それから市庁舎（ラートハウス）の鐘楼。此の人形劇はもう名高いものだが、午前十一時一回限りというので、我々も期待満々で駈けつけたが、広場には観光客どころか、本国人も一杯待っていて、盛んにカメラを向けたりしてソワソワ。

ママはヴュルツブルグの鐘楼でいたく感激したので、これはもう絶対逃さじと懸命に目を見張って構えていた。さて待ちに待った時間が来て、何処からともなく開幕を知らせる鐘が二つ三つ鳴り響き、漸く鐘楼の人形が動き出す。先ず鐘叩きの番人、此れはアーチ型の鐘楼の外に設けられた青銅の人形だが、これが実際に槌をもって釣鐘を十一叩いた所でチャイムが奏でられ、上下二段にしつらえた上段の方の人形が先ず王と王妃を前にして、内外右廻りと左回りに回周し始める。曲は御存じローレライ。ラッパ手を先頭にした楽隊だ。二周し終わると、今度は右からと左からと金と銀の甲冑をまとった騎士の登場。ミュンヘンのクリストファー公とルブリンの伯爵の騎馬試合と云う事らしい。

二周目の登場で、銀の甲冑のルブリンの伯爵が金の甲冑にやられてパタリと倒れるという趣向。無論ミュンヘン市民の歴史的喝采の瞬間がそこにあると思われるが、ママにはよく分からない。残念。

さて約七分間、今度は下段の人形たち、真ん中のブルーグレイの指揮者の手が先ず動き始めたと思うと、アーチ型に連ねられた男性の踊り手たちがくるくると回りながら円舞する。足を上げ下げ何とも愉しそうな素振り。その間曲は三曲目に移っている。そして此の可愛くもあどけない寸劇も十二分ばかりで終わりを告げると、最後はラッパ二つ鳴り渡って終わり。何と夢のある時計なのだろう。ママはこれを見終わって、殆ど何とも言えない吐息をついたものだった。

これはドイツに数ある仕掛け時計の中でも一番大規模のものらしいが、〝時〟に対するドイツ国民の此の様な夢の構想が、一体いつ頃から登場し始めたものか、ママにはよく分からないが、（市庁舎建立は一八六七年〜一九〇八年）かくもはかない単一無垢な童心の世界を日々守り続け、或いはその様に意図せんとした彼等に、何かママは日本人とは極めて異なった精神構造を感じずにはおられなかったものだ。

ともかくねんごろな抒情への賛美と愛着を込めるが如く、或いは遥か童心への回帰を乞い願う様に無心にあどけなく舞い踊る人形たちの動きに、ママはやはりメルヘンやグリム童話の発祥の地と云うものを思わずにはおれなかった！　ともかくこれ一つだけでママは十分にミュンヘンを満足させられた感がしたものだ。

なにしろミュンヘンは一九七二年のオリンピック開催の目標を控え、街中の至る所が掘り返され工事中だらけで、誠におちおち街を味わうと云う気にもならなかったものだ。日本のオリンピックの皆さんがみんなきちんと塞がった所をやがて見ると云う事になるとすれば、私達は遥か底辺の巨大な穴ぽこばかりを見て歩いた訳だから、これもまあ、何かの記念、縁とも言えるのかなと思ったが、でも何と云ったってそう嬉しいものではなかった。

一八　オーストリア〝インスブルック〟

さて身体の調子もいいので、オーストリアまで足をのばす事に決定。場所はチロル地方のインスブルック。やっと国境を超える事になった。何か我々日本人には、〝国境〟という響きには胸弾むものがある。

日本には現在国境という観念はない。戦前には樺太にあって、岡田嘉子と云う有名な女優が愛人とその国境を超えてソビエト連邦へ逃避行した事件があって、大きな話題となり、我々は国境と云う秘密めいた欠くべからざるイメージに興味津津としたドラマとロマンチックな思いを抱いたものだった。但しヨーロッパでは鉄路に限りさしたる変化は感じれない。威厳きわまる検札官はやって来るが。医師のＫ氏がトランクを開けさせての検視があったと憤慨して話していたのを聞いていたので、我々少々の緊張があったが、女性の検札官がパパの顔を見てニッと笑ったのみで過ぎてしまいあっけなかった。

所で列車が国境を超えてオーストリアにぐんぐんと入っていくにつれ、その風光には目覚ましい変化が感じられたものだ。これこそ正に国境を越ゆ……だ。ママはとっさに「わあ、絵葉書だあ」と叫んだのだった。山々の緑の色合い、家々のたたずまい、空気といい、木々の様子といい、そんな目に見える風光総てが列車の速度そのものの様にどんどん変って行くのが感じられる。正に文字通りの国境を超えた感じそのものだった。

即ち風光はかっちりとした鮮明な色合いに、家々は私達日本人にもお馴染み深い木のベランダをあしらった例の山小屋式に、空気は先ず研ぎ澄まされてからりと張りつめた冬の日の様に、木々の種類もそうだったが、その黄葉の様相といい、我々がよく言う〝絵葉書の様だ〟というそんな表現がぴったりする正に山紫水明、風光明媚等使い古された言葉そのものの様にあたりが急速に変化して行って、いわば写真が次第にピントが合って行くようなそんな感じがする……。『ははあ、人はこれをつまり愛するのだな』とママは先ず人並みに敬意を払い、ではドイツはどう云う事になるのだろうと改めて我が？ドイツを考え直すに至った。低地ドイツの北欧的暗さとか何とか、それがママのドイツに来るまでの聞き知ったぼんやりとした概念ではあったが、現実的には大変に美しい風土自然に感じられて、暗さ等一体それは何ぞや?としか思われなかったが、チロル地方に突入して見ると、確かに今までの過ぎ去ったドイツの克明な秋の様相がぼやけてきて、焦点が遥か遠のいて行った様にしか感じられない、そんな思いがした。いやはや、全く大したチロル地方の明確さではあった。

さて私達にとってチロルとは如何なるイメージであったろうか。高い打ち続く高原と、つるつるとした山肌なす緑の草原地帯、点在する山小屋的な家々、すると正にそれらのものが、今車窓にうつる此の景色なのか……ママは何回それを自分に言い聞かした事か。と云うのは今自分が其処に居ると云うのが信じられなかったのだった。だってチロルなんて丸で遥か彼方の夢の様な世界であったし、それが眼の当たりに、かってチロルとして抱いていたイメージそのままに、まるで寸分違わずに現出しているなんて、嘘の様な気がしてならなかったのだ。『ああ、成ほどこれがチロルか、ああ成ほど、これがチロルそのものじゃないの』とママは盛んに再確認していたのだった。

ところでミュンヘンから南へ一五〇キロ、時間にして二時間十五分、インスブルックに降り立つと、眼前に二五〇〇メートル級の北連峰（ノルトケッテ）がうっすらと雪化粧してすっくと聳え立ち、それをじっくりと見ている限りでは何か自分が宙に浮いたような感じがするものだ。ああ、若し我れスキーヤーならば、又は登山家ならばさぞかし……と思ったものの、彼等の感動、感嘆を知る由も無く、ホテルへ。

本日は正真正銘のホテルである。何故ならばドイツの垢をオーストリアで落とすべく、目的はバス付部屋が欲しかったから。駅では同じ列車から降り立った日本女性オカダカヨ嬢にあった。一人でヨーロッパ旅行らしい。ママにはそんな女性が余りに勇敢過ぎて怖い。だから敬遠気味。こちらママはパパにおんぶに抱っこ。ホテルの交渉から交通機関のあらゆる選択までパパは大活躍。男の腕の見せ所と云うもの。

インスブルックの人たちは本当に山の国らしく、少し野暮ったくて、朴訥《ぼくとつ》で、時に若い女の子にすこぶる美人が身受けられる。ドイツの街々で見て来た顔とは違う、彫りが深く、目が大きくつぶらで、髪の毛の黒い、ほっそりとした少し黒い顔……。ああ、此の人達は自分がすこぶる美人だと云う事を自覚しているのかな？　と思う程何気ない表情をして、街々を歩いているのだから、ちっともすれていないという感じ。

ホテルヴィダーマンのフロント係りが正にそうした美人で、若く美しく、優しくて、にこやかに且つおおどかに常に応対してくれる。パパはきっと大喜びだったのだろう。記念の写真迄撮ってあげていたから。ああ、此の様な優しくも麗しい女性が未だこの世に存在しているのかと思ったら、やはり何とも言えないいい気持。だから男の人が女の人に憧れ、惚れる気持ちがママは女ながら分かる気がする。最近日本ではめったに見ない女性の様相だった。

ところで人情がいいと云う証拠をもう一つ。年取ったご老人等、東洋人がそんなに珍しいのか、歩きを止めて迄ジッとママを見ている始末。そんな目とママの目がかちあった途端、彼等は帽子を取ってぴょこんと挨拶するのだから、何という人の好さだろう。遠来の客に対するよくぞ我が街へと云う心からの敬意と云うか、親しみと云うか、そんなものが表されていて、我々もそれに応えて上げなくちゃと云う気にならされるから不思議。

ホテルの部屋に自分たちの荷物を落ち着け、再び街へ出た時はもう暮れ染めていて、凱旋門（一七六七年、マリア・テレジアの第二子の結婚を記念して建立）も、マリア・テレジア通りも、ただショウ・ウインドウの明かりだけが此の山の街、観光の街を賑わしく浮き立たせているだけ、実に土産物屋のオンパレードである。それが又ママの一番の楽しみだが……。

翌日は午前十一時十二分に、もうミュンヘンに向かって発たなければならない。と云うのはドイツ行きはそれ一本に限られているからで、それにママたちの滞在も経済的理由からたった一泊しか出来ないと云う事もあって。またオーストリアでは言語はドイツ語で変わりないが、貨幣が変わって来る。何を買うにもチンプンカンプンで、さっぱり金勘定が分からない。土産物一つ買うにも、食事するにも、一体我々はどれくらい消費しているものやら、全く価値がつかめない。日本円で二万円位をオーストリア貨幣に変えて持って来ていたが、ドイツマルクに比べ、単位の量が見た目に大きく支払われるので、何かお金がさっさと出て行くようで、もうその日一日で懐が寒々としてくる始末。音に名高いウインナー・シュニッツェル（仔牛のカツレツ）を一寸贅沢したばかりの様なのに、そんな訳でお金のもちがないみたいで、落ち着かぬ事おびただし。沢山沢山買いたい物有りながら、時間も無いせいもあって、横目で通り過ぎるその残念さは、例えようもなかった。

翌朝は名物の〝黄金の屋根〟チロル公の宮殿であった屋敷の美しきバロック式バルコニーの金メッキされた屋根だが、それを中心とする公爵フリードリヒ街のバロック風の古い街のたたずまいがちょっと気に入って、盛んに写真を撮りまくって、駅に急ぐ。撮りまくるのはパパだが（笑）。

ところで、ゴルデネス・ダッハル（黄金の屋根）の街には、駅で会ったかの日本女性もお出ましであった。それがカメラを覗きながら、片手で操作して撮っているのだった。その手慣れた格好の良さ。ママなんか丸で馬鹿の見本見たいなものだと思った。だって自分用のカメラを持っていながら、パパに任せっきりで、まだヨーロッパに来てから、一枚も撮っていない。いやはや。

パパがこうして熱心にファインダーを覗いている間、ママはぼんやりと土産物屋を覗いたり、道行く人を眺めたり、パパがいる限りは全く何もかも退歩してしまう、そんな図式。第一本業の絵も描かなくなって久しいし。ホテルの交渉から交通機関の何から何までパパに任せっきりで、ママのドイツ語もからっきし進歩無し。

下宿のフラオが、

「ヘルまいいま（と発音される）は、六か月で喋れたけど、フラオは駄目だね」といわれたものだ。カメラだって、パパと一緒に居ると、必らずどんな操作だったかも忘れ果てる傾向があるし、本当に仕様がない奥さん業？

だからこうして、リラックスしたラフな出で立ちで（当時はヨーロッパに行くには日本人盛装の準備が必要だった。こうした破天荒の普段着姿の出で立ちはアメリカ人が発祥である）リュック等担ぎ、女たった一人でヨーロッパ等を旅行している姿を見ると（案外とよく見かける）何となく彼女たちが立派に見えて、それだけで辟易してしまう自分である。「ああ、たった一人で大変な事だ、本当に大変だけど大したものだ」と思わざるを得ない。

ところで男性にもそう見えるらしい。パパなんかもそうした彼女達は立派過ぎて、近寄り難いのだそうだ。とにかく女と云うものを捨て去った度胸だけが感じられて、怖いのだそう。とは云え、ママだって美校に居た頃は、そんな前衛的旗手を標榜していて止まなかったものだけど……。

パパは北連峰へのロープウエイで、アルプスやチロルの豪快さをしきりに味わいたいふうだったが、何しろ時間はない、手持ちのシリングはない、そこで丸で慌てふためく様にして駅へ向かった訳だが、こうした残念さはそれから各都市で味わう事になる。とにかくインスブルック以後は、予定を一泊ずつにしたが、各都市で一泊ずっとと云うのは極めて落ち着かぬ旅である。漸く着いてやれやれと思っていても、翌朝起きると、もう午後にはその街を出発する予定が待ち受けていて、何とも忙しい、丸で駆け足旅行になる。だから後もう一泊したいという切望を無残にも断ち切って、一路駅へ……。目まぐるしい勢いで、買い物もそこそこにホームに駆けつけて見ると、何と此のローマ発と云う列車は五十分も遅延して来ると云うのだから、ママはもう一度街へ戻って見たいという衝動に駆られて、だがといってどうする術も無い訳で、結局は総て諦める以外にない。そんな訳でママは「旅とは……」という一つの格言を発見するに至った。

即ち「旅とは、潔しを旨とすべし。後ろを振り返ってはならじ。きりがないものと心得るべし」。

一九　チロルから再びドイツへ入国

ああさらば、インスブルック！　チロル！　多分もう一度来る時がある日まで……。駅のホームから望む北連峰（ノルトケッテ）は信じ難い高みに姿を連ねていたが、時しも激しく沸き立った霞か、霧かで下方より全山急速に覆われつつあり、ママたちが別れを告げる頃は、既にその存在もかいま見る事も出来ぬ程にすっぽりと包まれ、あたかもママたちとの別れを象徴するかの様に、再び夢の彼方にかき消え、もう全くその姿をさえ、伺い知る事が出来なかった。列車が走り出し、そこで霧と雲との沸き立つ山の自然現象が車窓の後方へぐんぐんと途切れていってしまうと、空は依然として張りつめた真っ青のチロルの秋の空だったが、ようやく私たちは山の街から遥か遠ざかりつつある実感がするのだった。パスポートの検査が二回、オーストリア側とドイツ側との両方から来た。ここでは怖いおばちゃん警官だったが、東洋人の我々にはやはりにっこりとご愛想。大したものだ。クフシュタインの駅はそのせいかもしれないが、往きも帰りもきっかり十分間の停車がある。失礼ながら俳句一つ。

国境に音絶えてなし鐘二つ
クフシュタインにて

これは奇しくも往きも帰りも列車の中で聞いた教会の鐘の響きだが、しーんと静まりかえった停車中の十分間というものは、教会の時を告げる二つの鐘の音だけで何か胸が震撼とさせられる程、静寂そのものであった。

しかし国境とは遂にそのしるしの何たるやも分からぬうちに、もう列車はぐんぐんとドイツに突入しつつあり、山小屋式テラスも姿を消し、牧場に侍るチロルの赤い牛がドイツの黒い牛にとって変わり我々にドイツが如何に暗い風土かが嫌でも認識されるが、しかし不思議にもドイツの自然たって、そう暗いものじゃない。美しいが、しかし、チロルに比べれば俄かにかき曇るもやったさがそこにはあると云う見た目の差異が存してくる。だから罪はチロルの方にあるのかも。そしてこんな言い方は、すこぶるつきの美人を妬む女心にも似たものがあると思う次第。チロルは人間界の自然じゃない。何か夢想か超自然の世界、逆説的になるが、一種幻想の世界とも言える。

二〇　ニュールンベルグ、ここは意外に面白かった

ニュールンベルグ、ここは我々にとって、ナチス首脳部戦争裁判（ニュールンベルグ裁判）の行われた土地として記憶に残っているが、産業も総じて重工業の類で、駅頭車窓からうかがわれる限りでは、煙の立ち込めた工業都市の感が抱かせられたものだが、一泊して翌朝、旧市と言われるアルトシュタットの外郭を電車で臨みながら回り始めるにつれ、こい

つは面白い！と云うむらむらとした好奇心が其処に沸き立って来るのをどう止めるべくもなかった。

世界第二次大戦で、七十五パーセント破壊されたと云うので、初め駅で貰った案内図絵で見た中世紀さながらの城壁も、とても完全な姿のものではあり得ないとたかをくくっていたのだったが（だって現代においては無用の長物でもあると思い込んでいたから）、案に相違して丸で戦禍の跡など何処吹く風と云う具合に、本当に古い時代の現実そのままの姿で残されているから驚かされる。ではやられてなかったのかと疑問が湧くのだが、城壁の事はよく分からないにせよ、それから駅の土産物屋で偶然見つけた絵葉書は、我々を益々不可思議奇妙の世界へ迷い込めさすのに（つまりドイツという国の不可解さを知るのに）十分であった。

即ち私達がそれから見た聖ゼバルダス教会、フラウエン教会という十四、五世紀のゴシック建築等がまるで古色蒼然たる古さそのままの美を残して建っていると云う感じだったが、一九四五年敗戦時には、ただ支柱だけ残した爆撃の跡もすさまじく、あたりも手ひどくめちゃめちゃに壊されていたと云うのだから、丸で我々は「あれッ？」と云わんばかりに狐につままれた様な思いにとらわれる。何故ならそれを証明する写真を購入する事が出来るのだから。そして「では今の建築は？」と自問自答せざるを得ない。

一九四五年の写真と現在の写真を見比べてみると、それが如何にめちゃめちゃに破壊されていたかと云う事はどうも疑いのない事実のようだし、でも現実に我々が眼前に見ている建築は、如何にも長年の歴史と風雪を耐えて来たと云うふうな古めかしさと堂々たる威厳を兼ねそなえ、壁の一つ一つだって、正に相当な年月を経て来たと云わんばかりに黒ずんでさえ見えるのだから、ではその古さは一体何だ？と云う事になる……。

ニュールンベルクにて

よくドイツ人はあきもせず、戦災でやられた昔の家を又そのまま建て直すと云う事は聞いてはいたが、これ等記念物もそうだとすれば、一体その背後の精神構造をなすものは何だろう？という事になる……。丸で古の姿に寸分変わらぬそのままの現実を、如実に復元しようとするその意力と執念、そして努力。一体それはドイツ人の何なのだろう。日本人のそれと何処が違うのだろう？　だって日本人はあの金閣寺の例でも分かる様に、丸で古さの威厳というものの代わりにピカピカの新品同様、その非の打ち所の無い完璧さをむしろ表出して誇りとしていたのではないか。その相違。つまりドイツ人には日本人にない何ものかが、即ち我々には考えも及ばぬ何ものかが……、と考えると、未だドイツに分け入って日の浅い浅学のママには、全く不可思議奇妙、不可解な事ばかりで、唯々その意力に感心し、かつ呆れもし、驚かざるを得ないのだった。

それから、デユーラーの家（ドイツ最大の画家で、一五〇九年からその死の一五二八年迄住んでいた家）だって、木造建築で一五世紀のものらしいが、如何にもその年代のものの如く床はすり減り、黒光りし、ゆがんでもいたが、これだって戦火にあってない訳じゃない。それから後見たフランクフルトのゲーテの家だって激しい戦火を受けて破壊されたものらしいが、焼け残ったものは階段の一つでも窓枠の一本と云えども丹念に集めて又復旧したと云う。その何というか古をたっとぶ意気込みはよく分かるが、それを如何にも修復したという具合には見せないで、床の傾き、年期を経た黒光り、すり減り等、正にそのものずばりに造るところ、感心を通り越して何だかおかしい気さえしてくる。

私達観光客は、その古さに感動するが、しかし実は彼等の演出に感心しているのか、その執念さに驚いているのか、全く分からなくなる。本当にこれは不可思議なるドイツ人の感覚と習性と云う事になる。

そこでそのアルトシュタットの城壁等も、あるいは彼等は中世紀に対する愛惜そのままに残して来たと云うのならまだしも、大部分が復元さえしたものであるとするならば、彼等の懐古趣味というか、復古精神というものは、実に得も言えぬ深さのあるもので、逆に近代都市の名のもとに古のことごとくを捨て去っても尚驀進して止まぬ忙しい日本人には何としても驚異でしかないというものだ。とにかくニュールンベルグは面白い街だったが、此の事は即ち彼等の復古精神に全く同調した訳であって、その教訓たるや貴重なものであった。

それからゲルマニッシェス・ナチオナルムゼオム（国立ゲルマニア博物館）の規模の大きさ、特に民芸蒐集物の興味深さ、これも特筆すべきものだと思う。ただミュンヘンのニンフェンベルグ城の大きさにも疲れ果てたものだが、此の博物館もばててしまった。三日は掛かるかも知れない。そして尚建築中なり。

さてそれからフランクフルト。此処は先にも書いたゲーテの生家のある所。フランクフルトは文字通り西ドイツの空の玄関として日本からも多数の人が降り立っているせいか、よく日本人に会う。中央駅から繁華街カイゼル通りをずっと行って、右へ一寸折れまた左へ折れたりする小路（グロッサー・ヒルシュグローベン二三番地）にゲーテの家があるわけだが、フランクフルトの欠くべからざる重要な名所として、誰でもがお参り？すると見え、例えその家が見つからないとしても、数分も辺りを見まわしていると、観光バス乃至は異国人が何となく出入りする小路へ狙って入って行くと我々は間違いなく目標の家にたどり着く事が出来ると云う具合。

当時のまま保存と云った所で、先にも書いた通り、戦火で破壊されたものを復旧したものであって、表通りから見る限りそれは予想通り遥かに新しい（素材が）造りの様である。我々は普通保存というと、その記念すべき家のみを外界から隔離して、あたりは公園とか、何かの様に広いスペースを取って、如何にも民衆から切り離し、神格化せしめてあるかの様に予想するものだが、ゲーテハウスにしろ、ベートーベンハウスにしろ、デューラーハウスにしろ、その特徴は両隣りにはありふれたパキパキの庶民の家がぴったりとくっついていて、少なくともその偉大な先達者達の家に全く遠慮などしていない、それがその通り全体にも無論全然見えないのだった。従って此のぴったりと隣にくっつけて家を建て暮らしている人々などは、一体どんな気がするものだろうか、例えば日本式に云って、恐れ多いとか、偉大な世界的偉人に対して、自らの庶民的感情そのものがいささかへりくだるとか、そんな気は微塵もしないものか、或いは日常慣れ過ぎて無感覚となっているものか、或いはそのものずばり誇りそのものなのか、多分後者だとは思うが、一体どんな気がするものか、ママは一寸ばかり考えさせられたものだ。と云うのは世界の各地からこうして訪れてくる多くの人々を睥睨《へいげい》しながら、彼等は毎日何気なくその壁にぴったりくっついて、生活を営んでいるのだから。その心意気如何なるものか？　我々は或いは余りにこれらが歴史的距離的に遠いが故に過大評価しているきらいがあるのかも知れないなとも思えたりする。

中は実際のゲーテ生家と博物館の建物とが左と右手に分かれて一体をなし、先ず生家に我々は入る様案内される。彼はフランクフルトでも上流階級に属していた事は衆知の事だが、確かに立派。一階が台所、食堂、執務室、二階が客間と極めて古い型のグラービア等の置かれた音楽室。三階は書斎人の父親の面影を残した書斎（アルバイト・ツインマー）。母の居間、ゲーテの生まれた部屋。

此処には彼の肖像が置いてあり、その前にはいまだに彼の死をいたまんばかりに多分参詣者が置いていったのだろう花束や花輪が捧げられていて、私達もつい此の偉大な詩人・文学者の在りし日の面影に魅せられ、いささか感動せざるを得なかった。

そして此処を訪のう人々は、誰でも自分達とは遥かに遠隔の地（空間及び存在そのものすらかけ離れた）此のゲーテ生誕の地の同室に今自分が歴史を超えて確かに存在するという生々しい実感に触れて感動せざるを得ないと見え、（ママもその一人かも知れないが）何か敬虔な祈りを捧げたくなるそんな衝動を感じてならなかった。

誰でもそう云う衝動は同じと見え、部屋の片隅の小さなテーブルの上には世界各地からのおびただしい名刺の類が山と積まれているのが見られ、如何にその感動が大きいかを物語っている様だ。そして何と日本人も多い事よ。社長さんや部長さん。そして何と奇しくもドイツ渡航直前通い詰めた調布自動車教習所の取締役松本雅孝氏の名刺を見出した時は、パパもママも思わずあたりをキョロキョロと見まわしたものだ。訪問名簿もあって、サインするようになっていて直前の様だったので、でも別に懇意である訳はなかったが、パパもママも実はその調布自動車教習所で散々（特にママが）苦労させられ、莫大な?奉納金を貢いだばかりだったので、こんな異国で会ったが最後社長様に挨拶位はしてもよさそうだと思ったのだった。皮肉ではないが、あの残酷無比な指導員の先生方の余りな下品さ、低俗さ、おねだりの見苦しさ、生涯であんな手ひどい扱いを受けた事はなかった程の経験とか、そうした殆ど暴力団の集団の様相を思わせる実態をちょいと知らしめたかった位の衝動を感じさせられたのだった。

当時は車への憧れ大きく、教習希望者はワンさと押しかけていたので、彼等は高飛車だったものだ。とは云え、艱難辛苦？の末、結果的には免許も取れ、国際免許も頂け、ドイツに鼻高々と乗り込んでおり、本当は感謝この上もなかったのだったが。だから我慢、我慢である。但し社長その方にこんな所で会うという千載一隅のチャンスは空しく、遂にその姿は見当たらなかった。

それから日本人と思って挨拶したが、四人づれの男性達が台湾人だった事。そして中の一人が実にうまい日本語で礼儀正しく答えてくれた事、これは印象的だった。

次いで一階の食堂にママ達が足を踏み入れるや否や、二百余年前の時計が変わらぬ時を刻みつつ、丁度十一時を打ってくれたのも実に印象的だったが、一瞬の間を置いて、ゲーテ家の際立った豊かさを提示する様な大きなアストロノーミツシユ（天文学的）時計が家中にビブラートする様な十一時を打ち鳴らしたのも偶然とは云え、幸運にまつわるママ達の今度の運命を象徴すると思え、誠に印象的だった。これらの高級な家具調度品、什器類は戦時中は疎開してあったそうで、救われたという事だったが、見ると、その時計はちゃんと遥か二百余年後の現在を知ってか知らずか、一九六九年十月二十日と云う目盛りを間違いなく表示しており、そしてそれが即ち天文学的（尽きる事のない日時を刻む）という事なのだろう。そして人間が油をさしてやる限り、永遠に間違いなく時を刻んで行く……。大したものだ。いや正にドイツの時計産業界はということも……。

ああ、そして急にこの時計だけが今こそゲーテ家の唯一の生きている存在だ！とはママの一寸行き過ぎた感傷かも知れなかったが、とにかくゲーテが聞き（此の家で十六歳まで育った）、我々が聞く。いささかそんな気分にさせられるのも尤もかも知れない。生家の方もそうだが、博物館の方にも彼及び彼を取り巻く人物の数々の資料文献が展示され、専門家に取っては極めて興味深いものと思われたが、ママにとっては我々にも親しい彼の作品の挿絵をなすおびただしい銅版画が、如何にもシュトルム・ウント・ドランク時代の激しい熱情と精神を息々としてこちらに伝えてくれるのが面白く、銅版画それ自体のドイツ的緻密さと克明さが又相まって、画家達の彼に対するあく事なき畏敬の念と傾倒を物語るとも思え、尽きぬ楽しみがあった。

それから日本でも親しく触れているゲーテの肖像の原点をなす数々の油絵、愛人たちの肖像画、若いシーラの像（これは一寸いかす）、ワイマール公子カール・アウグストの幼年時代の肖像（この王子様はこの家を訪問なさっている）、美しい母親、父親、その他彼の華麗多事な生涯を余すところなくこれらの展示品は見る者に伝え、誠に賑々しい事此の上も無し。ああ、本当に豊かで幸福だった彼、羨ましいという他ないものだ。彼は若い時はすこぶる付きの美男子だったらしい。そして次から次への恋、正に繰り返しているが云う事なしではないか。老年に至るまでの数々の恋が人間に許されるのは、ゲーテのみだとは美校時代の美学の教授の言だが、何故かは遂に聞かなかった。是非聞きたかったものだが、若かったママはそんな特別扱いに例えゲーテと云えどもムッとしたものだった。そんな超人此の世に許すまじとは、その頃のママの気概を現していると思うがいかが？……。

二一　ライン河よりボンへ

いよいよライン河を見られる。ママ達の今回の旅行もライン河でやはり大詰めと云う事になりそうだ。極めて人並みな感覚かも知れないが、やはりラインと云うと何となく胸がときめくものがあって、多分ラインこそドイツを象徴しているものなのかも知れない。ところで此のラインは十月中旬までは遊覧船がマインツからコブレンツ、ケルンまで定期的に出ているのだが、時は生憎シーズンオフに入っていて、従って車窓から観光我慢せねばならぬ……。それでは列車の中からでも存分に味わいましょうと云う事になった。初め日本交通公社の地図で見ると、鉄道はマインツより河の西側を通ってボンへ行く、だから列車に乗るには、通廊付き列車（コリーダー・キャリッジ）の場合東側に面した部屋を選ぶといい、すると坐ったまま見られると云う事になる。ところがこれには色々誤算があって、とにかく面白かった。

正に東側に向く個室（コンパートメント）を選んだのはいいが、ここから思わぬ誤算が生じる。こちらの駅は日本の駅の様に鉄道線路上に駅を設けている訳ではない事を知るべきである。特に大きな都市の駅はそうである様で、鉄道線路を通して、その一点上の平面を駅にするのではなく、駅と云うスペースはもともとの鉄道線路上からやや離れた場所に設けてあって、そこへ幾条もの引き込み線によって列車を引き込む様になっている。いわばT字型の横線が幹線とすれば、縦線が引っ込み線、そのドン詰まりが駅構内となっている訳。従って機関車は或る駅に滑り込むとそこでお役御免となって切り離され、発車の際は機関車が今までの後ろだった方にくっついて、同じ線上を引き返して、しかるべき幹線上に乗り出して行く。従って我々はしばしば駅に入ったら、出る時は又逆戻りするのに、初めのうちは驚かせられたものだった。思うに列車は日本の様に常に一定方向のまま目的地に驀進するのではなく、発車の度に逆戻りする訳だから、ライン河を見るのに、此の調子で駅が変わる毎に、見れる方向だったり、反対側の方向だったりする。ひやひやしたが、所詮は無駄な気遣いというもの。だから後は天にお任せという結論になった。

所がパパは駅を出て向きが変わる度に、今度は見れる、今度は見れない等と丹念にやっていて、いよいよこれは見れるぞ！と云う事になって、マインツからの眺めを楽しみにしていたら、あにはからんや鉄道は交通公社の地図と違って、ラインの東側を通る。これには驚いた。交通公社を責めたくはないが、何時まで待ってもラインの西側へ行く気配はない。通廊まで出なきゃ見れないと云う事になった。

それから面白い事に一室六人定員だが、未だラインが見えない頃にママは外の景色の中で特に際立って、多くなった畑の植物が、多分葡萄だろうとは思うものの日本の葡萄と違って、縦に植わった（日本のは横広がりにつるの育った大木と云えるが）人のもも位の高さでしかない栽培物が至る所に広がっていて、それが多分有名なラインの葡萄畑かどうか、自信がない。（当時は未だワインについては余り日本では知識がなかったものだ）。そこで本国人に聞いてみたかったので、隣のご老人に聞いて見た結果、自分はイタリアのフローレンスから初めてドイツ入りしたという答えにあてが外れて、すぐ前のおばあさんが我々の会話を引き取って答えてくれたが、やはり葡萄だった。日本とは随分栽培の種目が異なるようだ。発見である。それはまあいいとして、私達二人がまずオリエント、前に坐っている二人がやはり外国人、一人は多分東ヨーロッパ系（見ている新聞の字にアルファベット以外の奇妙な文字が入っている）、もう一人は何となくスペイン系、だから本国人は六人のうち答えてくれたそのおばあさん一人という事になる。それでライン河の支流マイン河が見え始めた時、「これがラインだ！」と云えるそのおばあちゃんだけと云うのが、何とも心もとない事おびただし。でもラインはその支流の時から美しかった。先ず水が河岸に並々としていて、そのたっぷりした美しさが第一。それから水質の美しさ。それから本流に入って、河幅が拡大し、あたりの風光の美しさ、それから至る所に建つ古城の美しさ（マインツからコブレンツに至るいわゆるラインのさわりの部分にはざっと二十の古城がある）。

雄大という形容はおかしいかも知れないが、やはりライン河そのものを一つの長々とした流れと云うふうに考えると、雄大と云う形容はぴったりとくる。何という美しいたぷたぷの水量だった事だろう、我々は初め黙々として通廊越しにラインを見ていたが、遂にたまらなくなってママが立ち上がって通廊へ出る。それから東ヨーロッパの労働者風の男も通廊へ出た。延々と読く河の眺めとドイツの最も美しいと云われる沿岸に連なる丘の秋の色。それから廃墟となった、或いはなりつつある中世紀の古城のたたずまい。それから激しく行き交う商船の数々、（年間一万六千隻、ロマンチックなラインの予想に反し、上下する船舶の姿は意外にラインのエネルギッシュな側面をうかがわせてくれる）。通廊に立つ人々は誰でも黙々としてその風光に見入っていたが、やがてフローレンスから来たご老人も立って来て、外に見入る。要するにどの外国人もドイツにやって来たと云う感慨を此のラインの眺めに見出だしていると見える。その誰もの顔を見ても、その動かぬ目二つの中に云い尽くせない旅情と云うものが感じられて、ママはやはりドイツのラインは世界のラインと云う事かなと改めて感じ入った次第。

ロウレライの岩はもうどれがそれやら分からないものらしく、同じ様な岩が多く勝手に船の中からあれがそうだ、いやあれだ、あれに違いないと各人が叫ぶものとか。ママは一三七メートル、前もって聞いたその厳しく切り立った岩の印象をあれこれと当てはめつつ、如何にもこんな岩じゃなかったかなあと思い、進行方向に向かってガラス越しに斜めに望んだ途端、列車は深いトンネルに突入して、何も見えなくなってしまった。後で知る所によると、ローレライの岩は、その下を鉄道のトンネルが貫通するとあるから、正真正銘それだったようだ。正に偶然にもそれを見た訳で、嬉しいには嬉しかったものの、見ないよりはいいってなもので、よく分からない。

さてそのうちに遂に人真似の嫌いなパパも通廊にお出ましとはなって、やはりたまりかねたと見え、スペイン系の遊び人風のおじさん一人（こちらは昼寝）だけは無関心だったが、本国人のおばあさんは別として、外国人は皆通廊へ出た事になる。やはり魅力なものなのだ。我々はずっと立ち通しで見ていたが、山々が河岸から後方へ遠のき、いささか平凡になってくるとボンが近づいて来ると云う計算。

二二　西ドイツ首府ボン

ドイツ連邦共和国（西ドイツ）の首府と云う事だが、街自体は小さいものらしく、（人口十四万）駅も小さければ、そこから見渡せる街のたたずまいも全然狭苦しい中都市の感じ。此処はベートーベンの生家があるので有名。そして偉大なる事に彼一人で此の街に観光客を引き付けているのだから、大したものだ。下宿のフラオが連邦政府のホワイトハウスを見たか？と後で訊いていたから、ご自慢のものらしく、見た方がよかったかなと思ったが、余り興味なく、ひたすらベートーベンと大学が目当て。ホテルを決め、その日は街をぶらつくだけにして、ベートーベンは明日にする。

ホテルの傍に上海酒家と云う懐かしい漢字を見出して、早速入る。パパはハンブルグ、キールと中華料理を荒らしているがママは初めて。中々立派な料理店で、中に入ると、いる、いる。懐かしい我々の顔。つまり蒙古人種のパターン。でも如何にも支那人らしいところはやはり一寸ばかり違うと云わねばならないが。

ママはお恥ずかしいが、ラーメンが食べたくて、パパはチャーハンと云う事。ことここに至ると欲望も最小限に集約されると云う見本見たいなもので、そう高級な料理は思い浮かばない。メニュウを見るとみんなドイツ語。どれがラーメンか、チャーハンかは判別つかない。パパは中国語のメニュウはないかと訊いている。それだと日本人にも一目瞭然、何となく外れない漢語族のよしみである。だがハンブルグやキールと違って、無いとの事。ドイツ人の給仕では分からないが、中国人の店主に訊きたいが、漢字を書いていいかと訊くと、いいという。

それから漢字を書く段になって、ラーメンをどう書くか分からない。少しずれるが「焼麺」と表現し、チャーハンのチャーの字を二人で思い出せなくて、こちらも「焼飯」と書く。それからスープはドイツではズッペと言うからズッペと告げる。ドイツ人の給仕はそれを持って奥に入り、店主に見せたと思う。店主のお出ましとなって、挨拶される。大変なご愛想で握手しながら、その腕をたたいているから、東洋人種の親愛の情をたっぷり込めているのだと思われる。そして、「ブラーテンライス」と「ブラーテンヌードル」でよいのかと訊く。イメージから云って一寸がっかりさせられたが、正しいドイツ語でいえば、そう云うことになる。なあんだと思ったが、出て来た料理を見ると、確かに間違いなく日本で見るそれと全く同じ。まあ、格はずっと上だが、（ドイツでは中華料理は高級料理の方。皿の調度、フォーク、ナイフ、総てに於いて西洋風に立派に整えてある）その懐かしい顔に出会って、一瞬故郷に還ったみたいだったから、大したものだ。そして西欧人向けに盛りが断然いいし、肉類の量も実に多い。これ等は日本より無論一寸いいと言えるが、そのスープの味と云い、チャーハンと云い、焼きそばと云い、その満足させられたお腹の具合と云うものは、パパに云わせると足の先まで染み渡ったと云うからそのお目もじ度お祭しあれ。

「お前中国語を使えよ」

とパパは盛んにママをけしかけて来るが、英語を詰め込んでドイツにやって来たママは、ドイツ語はもともと駄目な上に、英語まで混乱が来て、あぶはち取らず、それを又いきなり中国語でなんて言われると、ママは可哀想に頭の中がどっちつかずに分裂して、もう何が何やら分からなくなってしまった。

「おい、実においしかったとは何て言えばいいのかい？」

とパパが言うので、

「頂好吃了（ティンハオチラ）」

と教えたら、パパは面白がって、再び現れた店長に、

「頂好吃了（ティンハオ、チラ）」、「テインハオ、ティンハオ」

と繰り返している。するとと店主が嬉しがって、ドイツ語で、「お前さんは今何処に住んでいるか？」と訊く。

「キールだ」と答えると、「暮らしは……好、不好？（ハオ、プーハオ？）」と中国語ごちゃ混ぜに訊いてくる。つまりとても頂好（とても良い）と云うからには、これ位の中国語は分かるに違いないと期待してくれたと云うのに、パパはもう何のことか分からない。

「オイ、何だって？」

とママに訊く。ママはおかしくなって、

「ほら、もう一度、頂好（テインハオ）と云ってごらん」

と小声で促すが、パパは何が何だか分からなくなっていて、中国人の方はケツケツケツと笑っている。仕方なくママが勇を鼓して、

「好、好（ハオ、ハオ）」

と云ったら、パパは目をパチクリとしていたが、とにかくパパの陽気さ加減には感心せざるを得なかった。だって此の異人の真只中で、早速実践行動するなんて、とにかく偉い。勇気ある。それにひきかえママはやっぱり駄目なんだなあと思わざるを得ない。てんで使って見るという勇気の方がないのだから。でもともあれ此の中華料理店で、二人は常にない

食事の満足感というものを味わって、うきうきホテルへ帰った。そして此処の店主のケッケッケッと笑う陽気な表情の中に、図太い大陸人種のスケールの大きさを感じ、ああ中国人は何処でも大きな顔をして暮らしている、偉いものだと深く感じ入らざるを得なかった。ドイツの街々でたまに出遭う日本人の中には、堂々としているのが誠に少なく、大概はその逆という一寸情けなかった所為もあるのだった。

ベートーベンの生家はホテルからすぐだった。此の家も街中にあり、通りに面した建物は記念館で、実際の生家はその奥にある。三階建てで、三階は屋根裏部屋。そして此の部屋がベートーベンの生誕の部屋と云う。我々にも馴染み深い写真の部屋がつまり此の部屋そのもので、屋根の傾斜の深い斜めに切り出された窓の鋭さ、如何にも二百年を経た床の古びた歪み、擦り切れ、ちびた木目のたたずまい、そんな空間に厳しい顔をして立つ肖像。ゲーテに比べていささか何とも庶民的な質素な造りの建物というのが、一見して感じられる訳だが、我々に尚一層胸に迫るものを与え、此の部屋で産声を上げた（一七七〇年）という懐古感が、鋭い真実性をもって見る者を真摯な気分に引き込んでやまない。博物館の方は尚一層興味深かった。先ず晩年のピアノ。耳の悪かった彼の為に、四弦（普通は三弦）にあつらえたもので、此の外三十歳頃から耳を悪くした彼の苦闘を物語るにふさわしい数々の器具が、我々を深い感慨におち入らせる。丁度柄杓子を思わす補聴器（メトロノームの制作者メルツェルが彼の為に種々工夫した）の数々。一見チャルメラのラッパの

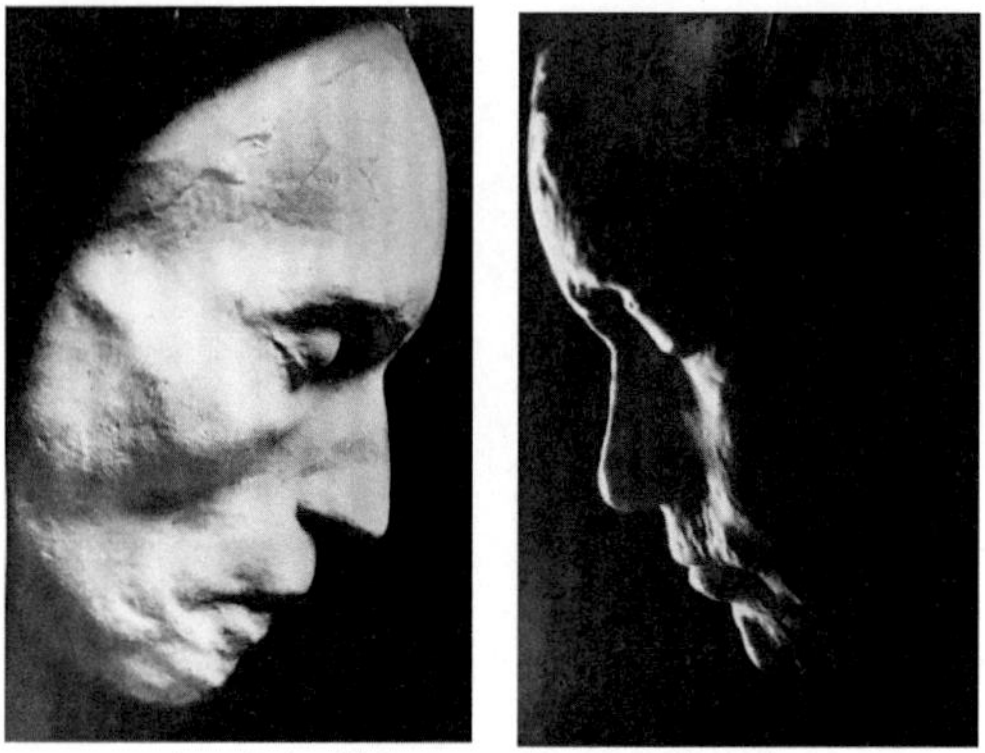

ベートーヴェン・デスマスク（左）・ライフマスク（右）

様なもの、それらを一体どの様に使ったものか、又果たしてどれ程の効果のあったものか、知る由もないが、全く涙無しには誰とてもそれは見る事は出来ない位だと言えよう。それから我々もよく知るベートーベンのマスクは四十二歳時のライフマスクと云う事だったが、五十六歳時浮腫の手術で合計四回の経過後、ついに意識不明、すさまじい雷鳴のうちにその生涯を閉じたデスマスクと云うものは、もう見るかげもなくやせ衰え、余りの痛ましさで直視する事は出来ない。

それから眼鏡、ステッキ等の日常品も我々の田舎のお祖父さんの家の納戸等でよく見かけるものとほ

ぼ同じでその大差なしが、偉大な彼の業績とは余りにもかけ離れた存在で何となく感動せざるを得ない。パパも「これが遺品だと云うのが辛いよ」ともらしていたが、パパとてもやはり直視に堪えないものがあったと見える。月光、第六（田園）、第九交響曲の楽譜等の総て展示されているものは、コピーの様だったが、日本にいる音楽家の友人の為に絵葉書等少し買い集めたりした。

パパはその他にボン大学等予定を立ててはいたが、ベートーベン生家訪問は、ママたちに深い感銘を与え、観光者としての忙しい足取りに何となく戸惑いを与えたと見え、そのまま暫くは出来るものなら、深く鎮静して見たい欲求に捉われ、俄かに身体が億劫となった。それでそのまま荷物をまとめ、ケルンに行く事にした。

二三　ケルン

ケルン迄三十分、ママはもう何も望まず、何も期待せず、ただパパの立てた予定通り引率されるままに身を任せている感じだった。ママはもうケルン等に降りなくて、ブレーメ

ケルン大聖堂デッサン

ンにも降りなくて、と云ってキールには帰りたくは無し、何かふわふわと旅から旅へ、何処ぞかの世界へと浮遊して行きたい要求だけしかない感じ、車中もただ黙々としていた。しかし次に降りた此のケルンは又驚きだった。

大寺院の出現だった?!

駅を降りたすぐ北側に一五七メートル、二つの尖塔をもって黒々と聳え立っているが、戦火により他の寺院は殆ど破壊されたと云うのに、此の大寺院のみ奇跡的に助かったと云う。これは全く文化的遺産、世界の遺産の為に大きな喜びといわねばならないだろう。先ず外側からの眺めに感心して見入り、表正面に回って、その偉大さに足を止め、中に入ったらそこでまたステンドグラスの余りの美しさ、立派さにさすがの私達も暫く息をつめると云う具合だった。これはドイツのみならぬ世界の大傑作中の最たるものではないかと思った。旅の感傷では決してない、芸術家としての我々が一生を賭して最高の推奨の辞を献じても尚悔いぬであろう、そんな高邁な造形のエクスタシイが其処にはあると思え、ママは完全に此の時あらゆるものを超越した（個すらも超越した）敬虔な一人間でしかなかった様に思えた程。（ママは寺院といえば、パリのノートルダムを必見の最高の如く信じていたものだが、後にパリ訪問の際にあっけなく夢は最後を告げ、それからは断然、いや数倍もケルンに軍配を上げざるを得ない心境となった）。

所で、俄かに建立の歴史をと云うか、意義とも云うべきかそんなものに興味を惹かれたママに、パパが説明してくれるには、又確かにそれに値する驚くべき雄渾な歴史があって、何と一二四八年の起工に対して、完成は十九世紀という天文学的年期があったそうで、いやはや六百年を費やしているらしいと聞いて、びっくり仰天せざるを得ない。そしてそれは正にしかり！とも云うべき微妙さ、繊細さ、克明さ、そして知性の輝き、堅忍の情、それらを融合した偉大なドイツ国民の六百年（それははかない一生にとっては永遠を意味したものだろう）の自負と希望の歴史が込められていて、パパもママも総てのステンドグラスに見入る為に次から次に歩を移すのがもったいない程、感銘以上の美の陶酔

ケルン大聖堂地下工事

に浸っていたと言えよう。

パパも云う様、ママも此のゴシック大寺院を美術全集で或いは親しく見知っては来たのだが、あれとこれがとても同じものとは思えない、感激の極みであり、驚異であると同時に、ショックで、写真等とてもその実物の美に追いつくものではないと、ここで改めて深く感じ入った事だった。平凡な言葉だが、「百聞は一見にしかず」というところだろう。

それからパパにとって運のいい事に、寺院の前が丁度工事中で、すっかり土が掘り起こされ、奇しくも此の大寺院の巨大な基礎そのものを見る事が出来たのだ。これは文字通り掘り出し物だとパパは盛んにカメラを構えていたっけ。これこそ正に何百年に一度かの奇しき運命であった事だろう。全く土の底から見れたなんて。

二四　ブレーメン

さて次にいよいよ最後のコース、ブレーメンである。ママ達の旅行も既に十一日を経過し、ブレーメンで夜が明けたら見物して、夜はもうキールに帰り着いているのだそうで……。それを聞いていささかがっかりしてしまった。と云うのはそんなに早く来てしまっては、どうにも意にそぐわない感じで、まだまだ旅して歩いてもいい余力が精神的にも身体的にも十分に残っていたのだった。従って明日帰り着くなんて嫌だ、嫌だと思いながらのブレーメン入りだった。

ブレーメンに来たら、もう我が家が段々と近くなったと云う感じが切々としてきたのが正直な感想であった。何故ならホテルのおやじさんの人情がぐっと暖かくなってきたのだから。それに朝食に卵が付いたが、これは全ホテル、バージョン中、初めてであった（無論注文すれば持ってくるが、別料金払い）。キールのホテル（パパが下宿に移る前住んでいた）では、毎日付いていたと云うから、これ一つにせよ、ドイツもいよいよ人情熱い地方に深入りと云うか、里帰り？して来たという事。

ブレーメンは市庁舎（ラートハウス）とその地下のヴァインホールとベッチャーシュトラッセ（街）がお目当て。ミュンヘンのラッツケラー（市庁舎地下）はビヤホールで、ビヤーとワインでよい対をなしている。何処でも？市庁舎地下は結構高級レストランになっていて、観光客にはもってこいの食事場所である。

此の中世のゴシック建築市庁舎はＮＨＫのドイツ語講座でも出て来た所で、ラッツケラーのホールで食事をし、グリムの『ブレーメンの音楽隊』のムジカンテンの像が映し出され、ママはいよいよ本場へ来たのだぞ！と思った訳だった。考えるとちょいと夢みたいな話だが。

ベッチャー街はママの最後の夢を飾るにふさわしいものに出遭った。ベッチャーシュトラッセというのは、カフェインを含まないハークコーヒーによって財を成した豪商ローゼリウスが此の中世以来の狭い街路の保存を思い立ち、私財を投じて作った街だそうで、一九二三年より三三年にかけて、各種の施設を設けた風変わりなたたずまいである。ママもやっぱりそんな事の出来るくらいの大金持ちにでもなってみたい程だが、何と云う素晴らしい夢だろうか。要するに全店を工芸家とか、手芸家とか云うそんな工芸業で満たされていて、一寸興味深い街である。ところで面白かったのは通りの中央に作られている時計。これも正しくその十二時の何かイベントの行われるらしい時刻に行き合わせたらしく、我々は何も予定を知っていなかっただけに此の幸運に驚いてしまった。

一通り街を見終わって戻って見ると、中央広場に数人の人々が立ち止まっている。何だろうと思って彼等の視線をたどって上を見上げると、すかさず寄って来た老人が私達に盛んに説明してくれる。「十二時の時計が面白いよ」というのだった。時計を見ると、時刻は正に正午に三分程前。時計は別に何でもない様に思えたが、その横にあるベルが何か大仕掛け。大小様々の三十個のベルが整然と何段かについていて、一体何事が始まるのだろうと、ママは胸を躍らせて待っていた。次第に人が集まって来て、小さな広場は一杯の人だかり。他に日本人も一人目に入った。ところで此の案内？のご老人は我々に付いて回って、こっちに来いと言う。未だ何かあるのかなと思っていると、窓に面白いものがあると云う。一体何があるのかなと思っているうちに、正午となる。ママは三十個のベルが一時に鳴りだすのかなと思っていたら、それは一寸無粋な想像であったようで、実際は先ず下段の方の大きなベルが胸震わせる様に一個奏でられたかと思うと、それを合図に大小のベルが丁度音楽でも奏でる様に静かに麗しい音調を次から次へと一つづつかき鳴らして、えも云えぬ妙なる音階を作るのだった。全く感心して、ママはいささか参ってしまったと報告しておこう。そしてこうした想像も及ばぬ機会に期せずして巡り会った此の幸運を思うと、胸がときめくほど嬉しくなって、ああ、神様、神様、神様は遂にこんな素晴らしい贈り物を私達に各都市で遭遇させてくれましたねとただただ感謝の念で祈るばかりであった。

そしてドイツとは何て云う素晴らしい国、メルヘンの名に相応しい豊かな国なのだろうと感動したママは、日本の人達は、子供のみならず、もっともっと此のドイツの夢を知る必要がある。そしてもっともっと素晴らしい夢を育もうとしたら……と思うと、一つママが微力ながらその一端を担ってもいいかなと考えたり？　此の日記は娘の美久に贈りたいと思っていたが、我が子だけではとてもその夢は包容し切れない、だから全国の日本の子たちにその夢を送りたい、……とママは此処で決意したのだった

そのうちにもっと大した事が始まった。左手の二階建ての円塔の何気ない窓が回転し始める。此のご老人が窓、窓と云っていたのはそれだったのだ。先ず木彫りにコロンブスの大陸発見の絵が出てきた。ベルの奏でる音楽に合わせて、次は第二の絵、第三の絵も現れて来て、隣に立っているご老人が丸でガイドの物知りのじいさんと思えて、とうとう一堂に聞こえるが如く、コロンブスの大陸発見の年号、ツエッペリンの飛行船の壮挙、経緯、エピソード迄丸で目のあたり、見るが様に説明してくれる。要するに、世界歴史のアドベンチャー、大発見、壮挙などについてその絵は示している様だ。太平洋横断飛行のリンドバーク等も出てくる賑やかさ。我々の親しく知り得ぬ名は、恐らくドイツの誇る国民的英雄の士と思える。さしずめ現代なら、月世界征服のアームストロング、オルドリン、コリンズも資格があろうと云うもの。四つの窓で終わりかと思っていたら、今度はその絵自体

が多分回転してか、合計八枚の木彫世界史という訳であった。

ところで、百人以上も集まったであろう群衆はその人品卑しからぬご老人の熱意ある説明にじっと聞き入っていたが、全くよく喋れるものだと感心したものだ。絵が代わると同時に「これで総て！」等とぴったり極まる所が本当のガイド（職業人）ではないかと思う程。考えるにそれが老後の愉しみの一つかの何かで、もう喋りたくて喋りたくて止まらぬ衝動から、毎日ああやってまかり越して説明しているのかも。そして外国人というと、ママ達みたいに何も予備知識無しに入ってくる者には、いわゆるドイツ的親切心で尽くしに尽くしてサービスする。どうもそうした生き甲斐のある老人ではないかと思ってしまった。長い歴史と音楽が終わると、皆は夢から覚めた様に散り始めていたが、此のご老人、もっといい所へ連れて行ってやるから来いとまだ親切を尽くしたい様子。パパは困って、何とかかんとか言って丁寧に断っていたが、ママは少し気の毒な気もしないではなかった。

ブレーメンストリート・ドラマ

とにかくママ此れで、素敵なからくり時計を四つ見た事になる。ああ、素敵、素敵と心に叫びつつ何かしきりにまだまだ此の街について探りたかったが、急に急に空腹も感じて来て、さっきのラッツケラーに入って食事。聞く所によると、此処の方がミュンヘンのビヤホールより先輩との事。なるほどミュンヘンでは一個だった巨大な貯蔵樽が、此処では四個並んでいるから遥かに先輩格の様だ。お揃いの青灰色のポットに入れたワインをグラスに注いで、皆さんチビリチビリと食事を楽しんでござる。私達は〇・五リットルの小壜を頼んだが（二人で）、しかし皆さん一人でそれくらい平気で飲んでいる様だ。

ママには未だワインの良さは分からないが、パパは胸の奥から溢れる様な喜びの表情をもって味わっている。本当に好きなのだなと感心する。おしりに悪いからと、ミュンヘンのビール以外固く禁酒で通したものの、此処は最後のコース、もういささか気を許してもいいだろうと考えている様だ。実際調子はずっと良かったのだから。でも後で考えると影響は甚大であった。此処から又再燃したのだった。しかし誰がその時神のみぞ知る……。可哀想だから責めるのはよそう。

食事前に含んだ一口は（此の場合ホワイト）一寸樽くさい味がしたが、食事が進むにつれて、その味わいは丸みを含み、しかも張りが出てくる感じ、とパパにそう告げたら、「それだけ分かりゃあ一人前だよ」との査定。でもそれ程末だ魅力が出てこない。尤も出て来たら困るのだろうけど。

一マルク（約百円）のチップをはずんで、給仕氏にサインを依頼する。

「市長さんならサインを貰う気持ちも分かるけど……」とパパは云うけど、

「アラ、給仕さんだから貰うのよ」

とママの言。『バイス』氏、『白』さんと云うところだ。

「若い頃、自分も日本へ行った事ある」

と云っていた。それはそれは、サンキュウ、いやダンケ・シェーンと云いたい感じ。

帰り売店で記念に、青灰色のワインポットを購入した。ポットの柄に鉛の鎖が付いている。「これは何だ?」とパパが訊くと、盛んに説明するが、意味がつかめない。やっと呑み込めた所によると、ホールのテーブルに出すポットをそっと持って帰る怪しからぬ奴がいるので、こちらの方はちゃんとした売り物であると云う標でつけて置くと云う事らしい。ハハーンと分かったら、その鉛の鎖は貴重な標だ。ドイツにもやはりそんな不徳漢がいるらしい事が分かった訳だった。

ああ、とにかくブレーメンも面白く大変好きになった。ケルンだっていい街だったが、思うに余り期待しなかった所が結局ママたちにとって豊かな実りを与えてくれた様に思う。いよいよもうこれで帰らねばならない訳だ。その日は土曜日だったので、帰り着くと夜で、何も食糧がないのが嫌で、一寸帰りたくなかったが、まあ、お土産や何やかやで抱え切れない荷物になっていたから何とかなるに違いない。明日は日曜日だから、日曜の食糧だって又何も買えない訳だが、と今とにかくキールに向かって帰らねばならぬ。パパはワインが利いてすこぶる元気。今度はベルリンに行こうと大張り切り。

キールに着いたら、もう十一月に入っていて、大変に寒かった。ドイツは南の方が寒いと聞いていたが、列車で北上するにつれて、段々と寒くなって行くところ、一寸日本と似ていたものだ。キール駅に着くと、ははーん、あんな所に土産物屋があったのか、此処がホテルの案内所だとか等、さすが旅への感覚が嗅覚的に発達してきている所、自分ながら面白かった。

ミルケンドルフの我が家へ帰り着くと、フラオが眼を輝かして迎えてくれた。一寸二週間振りだったのだから。

二五　大学生にお花の講義

さてパパの博物館の仕事も契約が九月迄で、十月からいよいよ収入無しになるので、何となく気にしていたが、プロフェッソア・シュロッサー女史の甚大な御厚意で、後五ケ月間延長して下さる事になった。それが何時頃だったか、九月も末頃になって、その話があって、パパもママも女史の御厚意に心より感激してしまった。ママはその頃具合が悪くて丁度寝ていた頃で、女史の云われるには、

「九月で健康保険が切られるのは辛いだろう、だからその保険を続行させる為に、後五ヶ月契約を延長して上げよう。しかしこれは私の力の出来得る限界である」

と言われたそうだ。何と有り難いお申し出である事だろう。パパもママもその御厚意に言い尽くせぬ感謝の念を持っていたが、パパはともかく、ママはその気持ちを言葉で言い表わす事が出来ない訳、つまり言葉の不備で。だから一体どうしたらいいものか本当に困っていた。会話の本で鵜呑みにして表す方法もあるのだが、いざとなると機転の利かぬ私には、やはり一夜漬けというものは、誠に言い難いものである。食事に呼ばれたり、お会いする毎にただただ感謝の意を握手に込めているだけだった。何時もいつも喋れないとは何

と罪なものかとしきりに思いながら……。本当に辛い事だった。

所でその際、

「延長に当たってはフラオ（ママの事）にもご協力願いたい、大学生たちにお茶とお花と料理を教授して欲しい。それがつまり条件である」

と云われたそうだ。それを聞いた時ママは、ヒエッーと思った。これは大変な事になったとびっくり仰天した訳。当然である。無論その頃ママは具合が悪くて寝ていたから、

「治ってからで結構です、多分二月頃になるでしょうけど……」

と云う話であった。それなら未だ先があるとママは一応気を鎮めたものの、大変気がかりであった。パパは面白がって、

「大いにやれ、やれ！」とはっぱをかける始末。

ママは大変な恥ずかしがり屋なので、人の前でスピーチするなんてとても出来っこないし、ましてや大学生を相手にするなんて……とびっくり仰天ものだった。パパが云うには、

「向うは日本婦人ならそうした日本特有の伝統技芸ものには立派な資格があると思っているから、もう逃れられないよ」

と脅かし、

「俺がお前以上にうまく通訳してやるから、大船に乗ったつもりでやれよ」

と極めてやる気満々。お料理はまあ何とかなるけど、お茶は道具の面で不可能、お花は少しはやれないでもなし、それにパパは、

「(花なら) 俺には全部分かるのだから、まあ、安心してやれって事よ」

と勇気づけてくれたりして、(ちなみにパパの母上は池の坊師範) 沈痛ながらもいささかの覚悟が生じては来た。

さて旅行から帰って来て十一月五日、シュロッサー女史宅でお御馳走にあいながら、遂にその話が出た。来週の月曜日に (後五日しかない) お花かお料理の教授をして欲しい、さあ、いよいよお出ましだぞ！とママはほぞのあたりに力をしっかり込めて、返事するに至った。『ああ、最初にお料理だったらどんなに楽だろう』と念じながら。しかしとは云え、不思議と覚悟は出来ていたのか、そんなにドキドキとはしなかった。もう逃れられぬ運命と思っていたのかも。

早速その日女史と街へ出て準備に入った。剣山はイーゲル (ハリネズミ) と云ってあるにはあったが、総て使い物にならぬ小型のみ。女史は次いで電車に乗り、私達を或る店に案内して下さった。園芸、小鳥類の専門店だった。すると果たしてお望みの大きさが

……。そこで大喜びしてよく見ると、メイドインジャパンである。それから水盤らしきみたいなものは、鉢植えの鉢だったが、どうやら三人分揃えて、何とか形が整い、やれやれであった。ママはその頃はもういささか楽しくなっていて、今度の月曜日は矢でも花でも、何でも来いと思っていたのは確かであった。

さあ、それから家に帰って、猛勉強であった。久し振りにいささかの知的喜びを感じる程にはやってのけて、さてそれからドイツ語に書き直す。それは正に大難関であった。文法書と辞引と首っ引きで。

図形はお得意のパパに描いて貰い、コピーする。花は当日すぐ近くの生産者の家まで買いに行った。家の下宿の窓から見える広い広い温室で菊ばかり。変化を付けたいが、三種ばかりの菊を選定する。彼等は、満開の花ばかりが価値があって、変化の妙を狙って蕾を選んだりすると、

「ニヒトグート（よくない）」

と顔を顰めて売ってくれない。仕方なく満開の菊ばかり三種程選んで持参したのである。

その日予定の博物館の一室に入ると、シュロッサー女史の秘書嬢が待機していて、もうすっかり準備が整っていた。三つの水盤を中心に、ドイツ製のハサミやナイフ等、コーヒー

菓子の用意までしてあって、ママはビックリした。だって茶菓の用意等思いもかけなかったから。生憎女史はシュレスビヒに出張で、時間に遅れるとの事。でも総ての手配は聞いているからと、誠実な中年の女性秘書氏はまあ、まめまめしくママ達をもてなしてくれる。学生は三人から十二人という推定だったが、それからざっと集まって、十数人の学生がおりましたろうか。黒人学生も一人在席。

女史のご両親も御臨席の光栄あって、いよいよフラオ・まいいまのお花の教授デビュー。というと格好はいいが、本当はパパが全部やってくれたのだから、世話ないという所だ。パパが何言っているか分からないドイツ語の講義をママはいとも客観的に涼しい顔できいているのだから、その楽な事と云ったらない訳。本当は開口一番、

「お宅の国で見かける生け花は、マッスと量の美であり、日本の生け花は要約すると、変化の美であります」

とか何とか云いたかったが、所詮意余って表現足らず。黙っているしかなかった。

そのうちにママの実習が始まる。実習しながら発言するドイツ語もノートに一ぱい書き溜めてはあったが、そんな一夜漬けがうまくいく筈はない。ひたすら皆の前で活けて、活けて、何となく夢中で誰がどんな風だったかも全然分からない始末。後で聞くところに依

ると、学生たちはママの顔ばかり穴の開くほど見ていたのだとか（笑）。

「要するに講義よりも、日本婦人見たさに連中来ていたのだよ」

とパパの解釈だった。何しろシュロッサー女史の専門が民族学、そのゼミを受けている学生たちとあらば、興味がそっちにあるのも仕方ないだろう。鼻ぺちゃでごめん遊ばせ、さぞ面白いお顔だったでしょうねとしか言えない。彼等（北欧ドイツ人種）は鼻が高過ぎて日本人とは逆に隆鼻術ならぬ低鼻？手術する位だから。

それに街で逢うドイツ人と云うのは、誰でもお行儀良くて、例え見たくともジロジロ人を見つめるなど失礼と云う道義感が徹底していて、決してそんなジロジロ見ない。ところがこちらの気付かないところでは興味旺盛にまともに珍し気に日本種の女性を観察しているのだから、それを知っておかしいが、しかし一方『ああ、もっと私美しくあれば、人種的に国威高揚にもなろうものを』と後悔し切りであったのも又事実。でも穴の開くほど納得いく迄鼻ぺちゃの構造を観察して研究の一助になったとあらば、それも又私存在のいささかの功績となったと云っていいのかも知れない。

ここで例えば参考までに記述するが、オーストリアでは、素朴で興味がまともに出て、決して誇張ではなく駅のホーム中の人間がただ一人の日本婦人たるママを見ているのだから、『そんなに私珍しいかい？』とこちらの方が驚いたものだった。

ところで水切りには感心していたものだ。水の中に花・木の根っこを差し込んでハサミで切るという秘訣は、ドイツあたりではない所作らしい。という事は植物を長持ちさせるメカニズムは知られていないという事か？　このドイツにして意外。菊の二種活けが終わって、皆さんに見て頂く。女史の父上は剽軽な方だから拍手して下さる。すると皆さんも一斉に拍手だった。ママはこの時可成り照れてしまったのは正直な話。

さて彼等も実習に移って、数人が一つの鉢を扱うのだから、もうワイワイと云う所。花の寸法を割り出すのにメジャー迄持ち出し、測っている始末。まあ、それは想像出来得る事だった。水切りは彼等相当に印象深かったと見え、盛んに実行。とにかく生まれて初めて花等いわゆる流儀に従って活けるという認識は、どんなに説明しても分かりっこないのが当然と云えば当然だが、どうやら三組完成してみると、もうこちらとしては、失礼ながら吹き出しものでしかない。折角のスターたるべき花が短くちょん切られて脇役に収まっているかと思うと、主役にしては余りにも情けなくも貧弱なものがあって、

「主枝が弱い」

とママが批評すると、早速別な枝をあてがって、セロテープで絞め上げる。彼等も面白

半分なのだろうが、とにかく生け花の風情と云うものは丸でない。剣山が見えない方がいいと云っておいたら、一寸目を離したすきに、残っていた葉っぱでトーチカの様に隠してある。花の位置を直すべく引き抜いてみると、茎たる部分に葉が一枚もついてない。

ママは余りのおかしさで笑い通しであった。後でパパに怒られてしまったものだ。ドイツ人はそんなに笑わないのだそうだ。人の失敗は絶対笑わないものだそうだ。じゃああんなに笑って悪かったかしらとママがシュンとしたら、

「まあ、あの場合はいいだろう」

と慰められて、彼らの剽軽さに笑ったのであって、別に失敗をしたという程、彼等も真剣じゃない。ママが笑って鼻にしわ寄せて笑うと、ドイツ人にはこれが出来ないそうで、日本人の女性ってよく笑うんだなと彼等も一緒に笑っていたから、まあ、いいって事になるのだろう。女史が急ぎ駆けつけたときはもう終わりに近かったが、生花の歴史を一くさり説いてくださったものだ。ママは女史の講義を始めて聞いたが、大変に迫力のあるものだった。学生たちはうって変わって、シーンとして聞いていたものだ。

二回目の授業は、あらゆる点でもっとうまくいった。本日は女史のお出ましで、先日ドイツ語に懲りたママが今度は英語に要約したものを最初にパパと二人で納得いくまで検討

した結果を披露、女史が次いで黒板を使っててきぱきと講義してくださったので、学生たちもいささか生花というものの妙が通じたところがあったのではないかと思う。うなったりしている学生もいたので、まあ、びっくりもした次第。女史も、

「面白い（インテレサント）面白い（インテレサント）」

と云っておられたから、何とか効を奏したと云うべきかも知れない。そして質問されたりして、活発な雰囲気で経過、この間よりはどんなにかましだった事だろう。

本日はアスパラカスとアイリスとカーネーション。実に鮮やかな取り合わせである。此の間は夢中でやったが、今日は自己のペースでじっくり実行。人が（皆青い目の外国人ですよ、しかも大学生）見ていようが全く気にならないところ、十七年の絵の先生のキャリアと云うか、年の功というものか、はたまた心臓なのか、全く大した度胸である。

しかしママはそこに全く絵の精神と同じものを感じていたのだった。云っちゃあ悪いけど絵よりも遥かに扱い易い。と云うのは絵が無限的な世界のものであるとするならば、生花は有限的である。つまり生け花はとにかく花と云う具体を前にして、その限界内で造形する。その限界があるという絶対性がママには一寸面白いと思われたのである。だからその限界を目指して追及する。ママはそこでみんなの前でも此の限界を見出そうとする。こ

うした造形法はお花の先生方から見ると、或いは異議があるかも知れないが、とにかくママの実力で縋る所はそこだった。

活け終わると自分でも清々しくなった。素材たるお花がいいので、満足させられたのだろう。ママは先ずパパにどうかと聞く。縋る所はもう一つあった訳である。画家として造形のオーソリティである影武者のパパが、

「いい、結構、結構」

と目くばせでうなずく。そこで安心して皆に向ける。あらゆる方向に向けて上げる。アフリカからの学生さんもよく見てねと、ママは同じく向けて上げる。彼はアフリカの何処かの国の文化を背負ってやって来ているのだ。その影響を考えると責任は重大である。

さてこの間は自分のを直ぐにこわして実習に移ったけど、本日は女史の鶴の一声で窓辺に飾られる。そこに置いて見てもやっぱり満足した。

本日の実習は二鉢、十余人で二鉢だから、しかも一つは女史が直接手を下し始めたので、殆どの学生は只二鉢を囲んでワイワイ。二回目で彼等も得るところがあったのか、皆な手を下したくてうずうずしているのがよく分かる。女史は大柄で派手な方なので、何であれ大きくしたがる傾向があって、ママが、

「ツーホーホ（高すぎる）」、「ツーランゲ（長すぎる）」と言って脇から口を出すので、仕方なく短かくなさる。「フラオまいいまのドイツ語が上手くなった」と言いながら。

司会の女の子が英文の池の坊学を読破して来ているらしく、それについて蘊蓄《うんちく》ある所をご披露に及び、ママの小原流（シューレ）は池の坊（シューレ）に比し、云々とごね始めると、女史はすかさず

「これは小原流ではなく、まいいま流であるぞよ」

と手を広げ、冗談めかしに彼女の質問の尖鋒を巧みにそらして下さった。『あれッ、教授は案外ママの初歩手法を見抜いておられたのかな？』と内心ヒヤッとしたものだが、正しくキールの偉大な？まいいま流ではあった。

今日はママはつとめて真面目にしようとし、又笑う事も（非常識過ぎる事も）余りなかったと思う。ママは今日は彼等の意思を尊重し、彼等がやるだけやってみてから、最後に見て上げようとしていた。それに女史は学生にとっても一般社会にとっても、どえらく偉い方らしい。パパは実感としてそれを知っているが、ついママは気安くする。外国人の特権と云うのか、どうしてもそうなるのだが、実感として分かってきたら、手も足も出ない程

偉い方なのだと思う。でもまあ、めくら蛇におじずが今のところ花なのかも知れない。

二鉢が出来たら皆んなで又拍手して窓辺へ。先日はいろんな人が壊して又作ったのだが、御大の女史のを壊す訳にはいかぬと見え、学生は引き下がって神妙に控えている。どんなにか彼等が好奇心を持ってやりたがっていたか、ママは気付いていたが、ママも又同じく神妙である。すると一人の男子学生が、遂に余った枝と葉を集めて、自分で器を探し、剣山もないのに何やらこしらえている。我々がワイワイ云っている間もそれに熱中して、得意げに三つの鉢の間に並べる。学生たちが笑って、ママも笑ったが、遂にママも出掛けていって、その枝だらけの造形にとっさにお茶菓子の穴のあいたクッキーを突き刺して、御愛嬌であった。すると皆んなは喜んで、ヒイヒイ言って笑っている。正に西も東も感じる所は同じなのだった。日本で学生や若い会社員たちに教えていたパパは、しきりにその事が思い出されて、まるで同じだと後で述懐していた。

二六　シュタットベルケ（市民会館）でお料理講習会

さてこれも、大学生向けの日本料理講習会。料理講習会をするにあたって、我々は日本料理と銘打って世界に輸出する献立を持ち得ているだろうか？　甚だ疑問である。献立を立てるに当って、パパとママは考えに考えて、シュウマイと焼き飯、きゅうりのピーナッツ和えを決定した。これだけなら日本人なら一見中華料理であろう。但し材料もさることながら、器具についても様々の思いがけない制約があって、やはり東西の隔たりと云うものを感じざるを得ない。そこで取りあえず日本料理へのアプローチとして、更に日本人が可成り親しく日常化して常食しているというこじつけも加味して、中華ロードをしつらえたという次第である。それにすき焼きを加えて、これなら立派な日本料理であろう。当時は歌手の坂本九の『上を向いて歩こう』がアメリカで大ヒットしていて、それが何と『すき焼き』と銘打って親しまれている最中だったから、これは受けるだろうと思ったが、ドイツでは（或いはヨーロッパでは）全くの無名。いささか遺憾であった。

企画するにあたって、前もってシュタットベルケの教室に教授と下検分に出掛けた。先ずは申し分のない設備で、食器といわず、調理器具、鍋類等のキッチン用具もないものはないと云うほどよく揃えてあって。驚嘆にあたいする。ママは蒸し器が一番心配だったが、それもあると云う返事。ドイツ家庭に蒸し器がないわけではないが、鶏とか七面鳥の丸蒸し用で、蒸気の逃げる穴の無い物が一般的なのである。

だからママはせいぜい二・三ミリの小さな穴だというのに、穴、穴と云って騒動する。シュッタトベルケの蒸気釜は見ると圧力式になっていて、ジャガイモ等七分でいいと書いてある。「蒸気の逃げる穴は？」と問うと、蓋の把手を抜くと穴になるという仕掛け。圧力式で此のいささか大き過ぎる穴と合わせて、蒸し器の操作が一体上手くいくものかどうか、ママは少々不安無きにしもあらずだったが、まあ、いいだろうという事になった。その他焼鍋とすき焼き鍋。ママは中華鍋に相当するものを要求したものの、それは無し。すき焼きはホーロー鍋で我慢しようと云う事になった。まあ、いささかの不満はあれ、何とかやりおおせて見ようということに落ち着いた。

さて当日、日本的なお醤油とか、みりん、味の素、ご飯等は、こちらで用意しましょうと云う事になったが、プロフェッサーの方はこれまたもっと大変な事になった模様だった。シュタットベルケの二階から下に着いた女史の車を見ていると、後ろのトランクから出て来るわ、出て来るわ、もう大変なご用意と云うべきであった。秘書氏とパパが手伝いに走ったが、父上と母上も御同伴され、教授のご家族を挙げてのご奮闘並々ならぬものがうかがえた。

それにエレベーター一杯の荷物の中に、大きな四角なものが三、四枚重なったのがあって、ママは多分此れは焼き飯をするのに鍋が小さ過ぎると不満を漏らしたので、オーブンの皿でもご持参なされたのかとてっきり思っていたら、あにはからんや額縁であった。パパが今日の料理の為に初めて作るドイツの学生さん方に、先ず絵で十分に知ってもらう様献立の総パノラマ?と、箸の持ち方等デッサンして色を付けたものを教授にお渡ししておいたのだが、それが何と額縁に収まっているとの事。パパもママもびっくりしてしまった。と云うのも単に一寸楽しく、少し大げさにパフォーマンス気味にサービスしただけのものだったのに、それを女史は会場に飾りたいとおっしゃる。全く恐縮以上に、その熱意というか、愛情というか、そんな厚意にいたく我々は感動させられたわけである。

ママは早速シュウマイの講習にはいったが、ママのはるばる日本から持参した包丁は、一寸皆んなをビックリさせてしまった。これは実はパパの教え子のやはり画家の柳沢氏が刃物に趣味があって、いささか見事な日本式包丁をドイツでの料理の為に贈ってくれたものだった。それを運よくご披露したわけだったが、ママは何となく一ぱっしの調理師で包丁一本持って世界を渡り歩いているような気分になれたから、全くいい気なもんだといえばいえる。

と云うのも、彼等の刃物事情と云えば、一般にクライネメッサーと云う非常に小型のメッサーをよく使い、大きいメッサーと云ったって、サーベル式のペラペラの刃でしかない。食事用ナイフより若干大きいのしかなく、うちのフラオも滅多に使う様子はない。それから欠点はまな板。小さな合成板で、木製のソフトなあたりに慣れている日本人には一寸頂けないものだ。尤も彼等は日本人の様に野菜を刻む事はあまりなく、刻むったって、そのクライネメッサーで手前に刃を向けてもぎ取る所作で始末する。きゅうりのピーナッツ和えにするきゅうりを若い学生さんがその様な方法でカットする訳で、（我々の様に輪切りにする事すら、ドイツ人には一寸意外だったようだ。彼等はチーズ卸しで卸したものを食している）それをボールいっぱいにしていったのには、こっちの方がむしろ驚ろかせられたものだ。パパは後で、日本式きゅうりの切り方を皆んなの前でママが実演して見せればよかったと残念がったが、確かにそうしたら神技とばかりにびっくりしたかもね。

シュウマイの皮の方はパパが実演。パパは日本では調理の調の字もやった事はないが、こちらではあちこち自前や自炊している間にすっかり腕を上げたらしい。調理教室の先生方が始めパパの作った皮を見て、これは買ったのか？と訊く。いや、自分が今作ったのだと云うと、すぐ同僚を呼びに行って、係員や事務員等何かの総出で見学だった。彼等がパパの派手な演出にすっかり驚いて、

「日本では男のコックさんが多いか？」と訊く。どうも専門のコックが来たと思ったらしい。そこで女子学生のフロイラインが、

「ヘルまいいまはクンスト・マーラー（画家）だ」と告げると、又々二度びっくり。パパは全く得意の様だった。

　男子学生が慣れない手付きで、タケノコやキャベツのみじん切りをママの真似して結構うまくやっているのも又面白かった。日本でも最近はそうらしいが、ドイツでも男子学生の方が何だか緻密で、より熱心で、より勤勉に手伝うのには感心した。シュウマイの皮で具を包むと本当に可愛らしいものだが、ママがそれを作って見せると彼等の目が輝いて、

「生け花だ？」と叫ぶ。全くママも此処に来て再認識した次第。中国人の考えた発想だが、確かにちょこまかした愛らしいものだと思った。

　彼等は彼等で又それぞれの可愛いい花を作っている。シュウマイなんて見た事もない人たちの造形だから、ママの方が又その形の特異さに感心してしまって、壊したくはないけ

ど、蒸したらあえなく崩れるかと思えば、やはり本来のシュウマイの形に直して上げた。

とにかく此のシュウマイ作りは楽しかった。蒸し上がったら温かいうちにと云う事で、早速試食。箸まで全員（二十数人）揃えてあって、その用い方迄講習して欲しいと云われる。パパがシュウマイを割ったり、くだいたのをつまんだり、果てはグリンピースをつまみ上げたり、色々実演して見せると、彼等も面白がって、全員箸に挑んでいる。お醤油にゼンフ（マスタード辛子）を足し、一寸みりんでのばして上げたら、彼等はおいしい、おいしいと云って、ベタベタつけて食べていた。

そのうちに焼き飯が出来上がる。器を使って、ポンとまんじゅう型にすると、それで一人分かと誰かが訊く。そうだと答えると、とても多いという。では小さいのでと云うと、男子学生がそれじゃあ少な過ぎると云わんばかりに、平気で大きいお饅頭をパカパカ作る。大きい、大きいと調理教室の女の子が口出しする。

全くすったもんだの騒ぎだが、ママが間を取って、

「大きいのは男性で、小さいのは女性」と断を下すと、

「そうだ、そうだ」とうなずく騒ぎ。

大小のお皿に盛ったおまんじゅうを運んでいると、部屋の隅でビールを飲んで一休みし

ていた女子学生が出て来て、

「そんなに少しのは嫌だ。もっと大きくしてくれ」と訴える。一体どんな見解の相違か分からないが、ドイツ人の腹加減というものがちっともつかめなかった。

さあ、そのうちに時間が迫る。すき焼き作りで四つの鍋は同時に始める。その忙しさったらなかった。日本では野菜分が多くて水分がどしどし出るのが普通だが、こちらではそれがない。ところが日本では焦げ付いて全く油断ならない。そのうちに白滝の真似してすこぶる高価なオランダのビーフンを揃えてあったのだが、日本のビーフンとは似ても似つかぬ代物で、忽ちぐちゃぐちゃになってまとまりがつかぬ。焦げ付く、溶ける、汁気は無くなる。全くとんだハプニングだった。そこで最初の鍋でビーフンは取り止め、後の三つは大体すき焼きと似た様なものに仕上げたものの、忙しさと思いもよらないハプニング等で、気もそぞろ、ママは責任感と相まってボーとしてしまった。

試食の宴会場ではビールとすき焼き、卵の黄身（これは評判が良くなかった、生で食べる習慣がなかったから）がずらりと並んでいて、皆さん整列してプロフェッソワの挨拶から始まる。ママは未だその頃も宙に浮いた様な気分だったが、やがて、

「ヘルまいいまとフラオまいいまの大きな働きに感謝して、万歳を唱えましょう」

とか何とかそんな雰囲気だなと思った瞬間、プロフェッソワが拳を振り挙げ、「ホーホ？、ホーホ？」と音頭を取られた。それから三十人余りの大合唱。いやはや、驚いたのなんのって、まるで度肝を抜かれたとは此の事か。彼等の勢いに圧倒されて、全く何が何だか分からなくなった。その万歳三唱が終わると、今度は拍手代わりと云うべきか、一斉にテーブルを拳でコツコツと叩く。それもママは初めて出逢ったものなので、ただただあっけに取られて、ああ、正に心何処かにふっ飛んで……の類でしかなかった。

全く風俗習慣が異なると云うのは、けったいな事なれど、そんな相違がある事すら知らなかったママは、折角の彼等の感謝を呆然と受け取った訳だが、パパは立って挨拶していた。ともかくこれは全然知らぬ犬の仲間の家に遊びに行った異種の一匹の犬の様に、全くただあっけにとられて、滑稽な様子だったかも知れないが、彼等もママが遠い東洋から来た違う犬だと云う事は十分に承知している訳だから、とんでもない気に染まぬ表情をしていたって、それはそれで済むものなのだろう。気に病まぬ事にした。

シュウマイ、焼き飯、お酢の物、すき焼きと並べば折角の宴会も賑やかなのだろうが、すき焼きの他は試食済み。百パーセントよく出来た鍋はプロフェッソワの前に置いてあって、その両隣に我々、女史のファーター（父）、ムッター（母）と並んでいたので、パパもママも結局出来上がりのいい鍋を突っついたが、本当はそれは皆んなに食べてもらい、我々は失敗作を食べたかったのだった。

　よく出来た鍋を指差し、

「これが最も良い出来である」とパパが説明したら、

「やあ、色が総て整っている。グリン（クレソン）、赤（人参）、白（葱）、黄（豆腐）（これは女史の母上が卵と牛乳で作って下さったもので実に豆腐に似ていると云っていいものだった。これも感謝の他ない物件であった）」と早速女史が指摘されたのはさすがの慧眼と云わねばなるまい。

　ママは活け花より料理の方がずっと得意と云えたが、そして遥かに楽にいくと思っていたが、結果は料理の方にやや心残りがあった。やはり日本とは違う材料、代用品、不足品、習慣の違い等と云う事がその原因だが、それがあったにも関わらず、あれだけやれた事自体が先ず成功だったと考えねばとパパは云い、十分に楽しんで貰ったのだからと自らを慰めてはいるものの、本当はまだまだ皆んなに今一度御馳走したい気持ちでいっぱいなのだった。

　そして思うに、我々の歴史的かつ風土的生活の生み出した日本料理というものは、やはり何といっても世界にとっては特異過ぎるようだし、すき焼きすら可成り知名度の高いものかと思ったに関わらず、聞いた事もない人ばかりだったというのがショックだった。それならすき焼きなんてやるんじゃなかったと思ったのも事実である。と云うのもすき焼きと云うのは余り腕の見せ所はないから、と思ったにしても後の祭りである。

ママは今日のところ中華伝来風でどうやら味の交流と云うものを果たしたものの、本式の日本料理（わび・さび、自然、生粋、四季感等）というものを提出したら、一体彼等にどんな反応があったろうかと考えると、つたえる事は甚だ絶望的ならざるを得ない。と云うのも、我々すら遥かに西洋文化に飼いならされていると自負しているに関わらず、それが余りにドイツ的な食品と云うものに出会えば、明らかに拒絶反応を示さざるを得ないのだから。本来民族の相違なんて確執ならざるを得ないものなのかも知れない。食生活に限らず、生活、思想、習慣等、全般にわたってそんな確執が厳としてあると云うのが普通だと思うが、それはともかく要するに彼等を知ろうとする努力、それから彼等も同じく日本人を知ろうとする努力、その架け橋こそが重要なのであって、私たちがまたささやかな力で果たしているのも他ならずその交流なのだと思われる。

それにドイツ人と云うのも（私達の接した範囲では）その交流を少なくとも良く果たし

てくれる雅量と云うものを持った国民と云う事が出来ると思う。と云うのも彼等は総ての料理を食べるのに、初めてにも関わらずとうとう難しい箸でやり通したのだから。これには敬服せざるを得なかった。焼き飯等日本でもスプーンで食べると云って、ママは実際その様子を演出して見せた。しかし誰一人箸を捨てなかったものだ。これは驚くべき雅量と云わずして何というべきか。或いは礼節？儀礼？　英国人、或いはフランス人はこう云う時どうなのかなあとママは考えざるを得なかった。

二七　エアステ・ヴァイナハテン（待降節第一日曜日）

十一月二十五日がドイツでのママたちにとっての初雪だった。聞く所によると、十一月から雪だと思い込んで早くから毛皮の帽子を買ったり、雪の日のブーツを揃えたりして待っていた私たちにとって、これは意外に遅いという感じだった。

ところで十一月三十日（日曜日）はエアステ・ヴァィナハテンと云って、こちらではいよいよ愉しいクリスマス月への第一歩が始まるようだ。待ちに待ったと云う意味は、ドイツでは此の日からしかクリスマスの為の行事は行えないという鉄則があるらしい。日本の様に我先にトップを切るという競争はなく、おおよそ市民揃って、幼い子供も交え分別を持って控えているらしい。だからいざ明けたとなると、テープが切って落とされたと云う感じでその喜びはひとしおと見える。その様子は我が下宿の坊やの一瞬点灯の様子が、見て取れたものだ。

先ず街々に趣向をこらしたイルミネーションが登場して、通りを彩りする。メーンストリートは横に張られたアーチ型の電飾が真ん中に大きな星型をいだいて幾重にもずらりと掲げられ、主要な建物の壁面にはやはり星型をかたどった黄色い電球が灯り、広場の所どころに立てられた樅ノ木にもイルミネーションが付く。そのうちの一本はスエーデンから贈られたものだと云っていたが、さだめし友情のしるしとでもいうものだろう。所で、我が家の（ビエルナート家）庭の樅ノ木にもローソク型のイルミネーションがついて、一晩中どころか、昼間も輝いている。街中も無論昼間からついているのだが、日本と違う所は、どこもかしこも黄色い灯りだけで、色球は完全に見当たらない。そして点滅もしない。色球はないのか？と訊いたら、

「ニヒト・グート（良くない）」との事。「まあ、部屋の中にはいいのだろうが」と云う答

え。どうも色球はアメリカ式であって、彼等に言わせれば、「あれは悪趣味。ニヒト・グート」とくる。

ところでドイツは暗いという事が今少し理解されて来たのだが、十二月にはいったら、誠に暗くなった。日光と云うものが殆ど無いといえる。十二月更に終わりに近づくと、日の出、日没のせいで、昼が誠に縮まるらしい。そのせいでも暗さは一段と強調されるのだろう。そうした季節の時、此の電飾イルミネーションというのは正に場を得て、その暗さの中でうごめいている人間たちにえも言えぬ輝きと彩どりを与えてやまぬものだろうと思われる。

クリスマスの喜びが日本等とはけた違いに喜ばれ、迎えられている意義と原因が、単に宗教的なものだけじゃなく此の地域的な風土のせいにあるという事が良く了解されてくると思う。或いは点滅しないのも、此の暗さと関係があると思われる。だって点滅すると、∴滅∴の時は気も滅入ると云う事になるのだろう。

ところで此のエアステ・ヴァイナハテンには、子供達はヴァイナハテン・カレンダーと云うチョコレートの暦で幕開けするようだ。１から２４まで数字の付いた窓と云うべきか蓋というべきか、クリスマスの絵で飾られたお菓子の美しい暦があって、此のエアステ・

ヴァイナハテンの日に、１と云う数字の付いた窓（蓋）を開けると、チョコレートが一つ出て来て、食べられるという具合。翌日は2という蓋を開けて、又可愛いいチョコレートをパクリと、毎日そうして数字を頼りに一つづつパクリとやっては、来たるべき最愛、最高のクリスマスを待ちこがれ、２４迄たどり着くという具合になる。指折り数えて子供の頃お正月を待ったあのときめきを思い出す類だが、日本の抽象性に比べ、全く具体的な喜びを与える様に思え、微笑ましくなる。

日めくりカレンダー

ビエルナート家でもカールステンいう五歳の坊やがいて、それをやっているが、一寸神聖視していて、朝一つづつ後生大事に蓋を開けては後絶対に触らせないという厳格さ。一つ開ける毎に子供は驚喜して、動物型のチョコレートを舐めながら、ムッテイ（ママ）に感謝のキスをする。チョコレートのくっついた唇だから、ムッテイもキスされた後で付いたチョコをメロメロと舐めているから、世話はない。それはともかく、大したクリスマス月である。

ママたちはこのエアステの日曜日、招待を受けていて、それが面白い事に例の料理講習会をやったシュタット・ベルケのチーフだとの事。多分あの時、職員の皆さんも試食させて貰ったお礼なのかもしれないと思われるが、お茶とケーキに招待したいという。それで四時にお迎えに上がりますという電話があったのだが、ママ達はエアステ・アドベント（待降節第一日曜日）なんて知らなかったので、普通の招待だと思っていたら、フラオ・ビエルナートの説明によると、

「本日はお祝い日なり」

と云う事らしい。彼等もそこで盛装してお出掛けの様だったので、ではこちらも派手に着物を着て行こうという事にした。それ迄も着物を着ていい機会は無きにしもあらずだったが、車ならともかく普通に外出するには、きっとみんなの好奇の目が集まって余りに煩わしいだろうと、控えていたのだった。しかしお祝い日で、車のお出迎えとあらば、好機到来とばかりに張り切ったわけだった。

ホフマン夫妻の車で出かけて見ると、あにはからんや、個人の住宅ではなく教会だった。

「一寸早すぎた？」

と云って中へ入って見ると、二百人分ばかりの会食の用意がしてあって、一体何が始まるのかなとママはびっくりしたが、ホフマン夫妻の案内で招じ入れられてみると、来る人、来る人が知り合いなのか、ホフマン夫妻に挨拶する。それから我々にも挨拶してくる。これは大変だ?と思った。ママの着物が余りに目立ちそうだ?と意外な効果にママは一寸困ったわけである。コートを脱いで立っていると、来ている人たちの目が一斉にママに向けられていて動かない。それからどしどしと人が集まって来たが、入って来た人は来た人で、ママの姿に目を奪われて目を見張る。パパは盛んに、

「着物を着てきてよかったね」

と此の思わぬ晴れ舞台の効果に喜んでいたが、ママも満更ではなかったものの、たまさかホフマン家の皆さんに見て頂こうと思った着物を二百人の目にさらす事になったママは、一寸戸惑い気味で、とにかくこりゃ大変だ?こりゃ大変だ?と心の中で叫び続けていたのだった。

まあ、何十人の人と握手したか、その数は定かならないが、会が始まって見ると、牧師様までその挨拶の冒頭で、

「本日は珍しくも日本よりのお客様を迎える事が出来て……」

なんて言っておられる。ホフマン氏につつかれて二人で立ち上がり、紹介される。ママは牧師様まで私たちの名前を知っておられたかとまたまたびっくりしたが、思うに我々が参加すると云う事はホフマン夫妻より伝えてあったのだろう。それにママが一寸派手な着物姿で乗り込んだので、〝日本よりの珍しいお客様〟と云う印象は一層センセーショナルなものとなって、皆んなの注目の的となったのだと思う。

牧師様のお話の後は、歌のおけいこ、合唱等、その間中はずっと灯りを消してローソクの灯りのみ。ママのお隣に座っていたおじ様は、英国に三年行ってきたという人で、要するに外人？慣れしていると云うわけか、始まる前からパパと大声で楽しそうに話題を独占した形で話していたが、歌をうたうのも大変に大きな声で、ママはびっくりしてしまった。と云うのも日本の中年のおじ様で、こんなに大きな声を張り上げる人はそうざらにいないもの。皆あたりをはばかって、可成り控え目が普通だからだ。

「ユビラーテディオ、ユビラーテディオ、オムニイステラ」

一体何の意味かは分からないが、（恐らくはラテン語）此の歌を大声で繰り返し、繰り返し、ともかくいとも無邪気に歌っていた。指揮した男性はフラオ・ホフマンの弟氏で、豊かなびっくりする程の美しい声だったが、トロンボーンで伴奏した髭の紳士もやはりフラオ・ホフマンの弟さんだったとか。それにホフマン氏自身も会が始まるまで、二階でオルガンをかき鳴らしておられたから、思うにホフマン一家は此の教会と深い関係があるのだろう。ユビラーテディオの他にも幾つかの歌をうたい、指揮者の指示に従って、忽ち二部合唱、輪唱、男声、女声、と分れるところ、正に音楽の国ならではの微妙、巧みさの極致といわずして何だろう。感動ものである。「フラオエン、」と指揮者がいうと、日本でいうおかみさん方?も忽ち美しいパートを奏でるのだから、全く驚きでしかない。

それからお茶とケーキだった。教会側はコーヒーと紅茶の用意をして、ケーキは皆で持ち寄り、そして交換し合う。ママたちはホフマン夫人が料理の先生だから、誠に美味なドイツケーキを分けて頂き、周りの人たちからも沢山集まって食べ切れない程。

子供達がその合間にもママの後ろに七、八人も寄って来て、此の東洋人の顔をじっと見ている。きっと帯というものが彼等には不思議なのだろうなあとママも思った。ママにも此の帯というものは不思議で仕様がないのだもの。見慣れているからいいが、全く変なものを後ろにしょっているのだから。

茶菓が終わったら、又ユビラーテディオと歌い、ママも今度は歌った。パパはずっと歌っていたようだった。それから又お説教があって、散会。又おびただしく握手。コートを着ると、立ち去りがたいおば様方がニコニコ笑いながらママを見ているので、ママもサービスのつもりで、たもとを見せてあげたら、皆さんが寄って来て、それから此の東洋の着物の品定めみたいになってしまった。いやはや？彼女達白い足袋には驚いていたようだった。

「上には無いのか？」と訊くので「ない」と答えると、「じゃ、寒いだろう？」と云う。

「いや、暖かいのだ？」とママは少し空威張りして見せ、

「着物と云うものは、実に暖かいもの？」

とはったりをきかす。と云うのは、日本婦人が皆寒がっているなんて思われたくないのだもの。

一人のおじ様が寄ってきて、（ホフマン氏の父上らしい）パパと握手しながら、おびただしい言葉を熱心にパパの耳に口をよせてしゃべっている。それから今度はママの所へ来て、またまた握手しながら熱意を込めておびただしい言葉をベラベラ発しておられる。するとホフマン氏が、

「フラオはドイツ語はわからない」

と伝えたら、此のおじ様、途端にがっくりきて、段々と声が低くなり、それでも止められずにやがて囁くように立ち消えていって、遂に静かになられた時は、ママは心から何と

もお気の毒で仕様がなかったものだ。パパが見兼ねて、

「いや、私には分かっているのだから、大丈夫ですよ」

と云ったら、少しは元気が又ぶり返して来たようだったが、

「イエスキリストの御光が貴女の上にも射さんことを…」

と云う様な意味だったらしい。まあ、ご苦労様にも誠にありがたい事であった。

事程左様に彼等の善人振りは日本人にとっては、忘れられたよき時代を思いおこさせるに十分なものがあった。

二八　パパに映画出演の話

いつの事だったか、十月頃フラオ・プロフェッソワのお宅でお茶の後、

「貴方がたは十二月のクリスマスの頃迄、未だミルケンドルフにいますか？」と尋ねられた事があった。フラオ・プロフェッソワは余りミルケンドルフをお好きじゃない様なので、未だそんな頃迄まさかいるはずはないと思っておられるのか、或いは一体何故そんな事を

訊かれるのか、ママたちがきょとんとしながらも、「やー（はい）」と返事すると、何か申されるには、

「或る映画をゲッチンゲン大学で取るので、その手伝いをして欲しい」との事。「そんな事なら、今当分ミルケンドルフに滞在するつもりなので、無論手伝う事が出来ます」とパパは答えた。何かタイトルでも書かされるのだろうとパパもママもそう思っていた。そうしたら、プロフェッソワがさっと立ち上がり、何かタイプをパタパタと打ち始められた模様。出来上がって持って来られたタイプは英語で、次の様に記されていた。

『ゲッチンゲンのインスティチュートで、書道カリグラフィのフィルムをヘルまいいまと共に作りたいとの希望がある。それについては担当のドクター・ダウアーがヘルまいいまと話し合う為に十二月にミルケンドルフに訪ねたいと云っている。十二月のクリスマス迄貴方がたは未だミルケンドルフにいますか？』

とにかくドクター・ダウアーという方が、わざわざパパを訪ねたいと云っておられる。そして何か書道についての映画を作るのにヘルまいいまの手伝いが必要だという事らしい。そんな事までは分かってきたが、ママたちが未だキョトンとしている様子が女史にはもどかしかったらしく、何かかんか説明しておられるうちに、段々とその手伝いの内容が

実はタイトルなんかじゃなく、パパ自身が映画に出演するという事らしく思えて来て、

「何ですって？」

と云う具合になった。

「うちの主人が出演するのですって？」

とママが云うと、女史があぁ、やっと通じたかというふうに、

「そうですよ。ヘルまいいまが映画に撮られるのだ。彼が主人公だ‼」

と強調される。さあ、それからが大変だった。

パパが、

「自分が一体何をするのか？」と問うと、

「貴方が書道を書いているところを映画に撮りたいと云っているのだ」

ということになって、私達はビックリ仰天。やっと全容がつかめた具合だった。

ママが、

「ではタレントか？」と訊くと、

「そうだ。ハリウッドだ、スターだ？」

と女史が大変得意気。パパはとんでもない！と思って、ただもう目をパチクリ。此の降っ

てわいた話に何か浮かぬ顔をしている。ママは断然面白くなって、

「いいじゃないの」

と日本語で彼をはげます一方、女史には、

「私の主人はグート・タレントだ」

と宣伝する。確かにパパは日本でも全く隠れたタレントの持ち主で、進んで人前に出るのは好きじゃないとは言え、やり始めると口八丁、手八丁の能力を発揮して、ママは得意じゃないが、まあ、死蔵しておくのは勿体ないと、密かに我が亭主を大いに買っていたのだった。歌の類い、踊りの類い、芝居の類い、楽器を操る類いに、ダジャレは申すまでもなく、それに加えてぐっと芸術的に云っても絵画的アクション、書道的アクション、もっと高級本質的な意味でも彼の絵画評論、批評などは骨身をえぐる程抜群かつ鋭くもあって、ママはかねてから密かに尊敬していたものだった。これを全くグート・タレントと云わずして一体何というのだろうか。正に死蔵しておくのはもったいないの一語に尽きると云うもの。本職の他に、である。だからママが此の話に断然？とばかりに嬉しく思ったのも決して故なくはないのだった。それにドイツに来てから、彼のもて様は並大抵じゃなかった。それが不思議極まるのだが、カメラ店等に行くと、店主がさっとカメラを取り出してパパ

の写真を撮る。東洋的な顔のママには関心ない。パパの容貌は余程珍しい容貌なのか、異国的なのか、日本人って知ってる訳はないから、東洋人として、或いは異国人としてそんなに、貴重な容貌なのか分からないが、とにかくもてる。人類学教室の資料室にはヤパアナー（日本人）として分類されてパパの写真が収まっている。

それを見て，ママは、

『ヘル前島は決して日本人として代表的な顔じゃない事は確かであるが、代表とされると学術的には困るので訂正したい』

と女史にも申し上げたかったが、それはどうもチャンスがなかった。

ドイツに着いて挨拶の際にすぐさま仕事が決まったのも、或いはその容貌ではなかったかと思われたが、とにかく面白い現象ではあった。そしてとうとう映画までやってくるとは思いがけないオファーであった。

パパはそれから満更でもない顔はしていたが、何しろ着物を着て、書道のアクションと云うのが、絵画ならまだしもどうも不本意らしく、浮かぬ顔の一点張り。

するとと女史が、

「自負心を持ってやったら良い？」

と又励まして下さって、パパが困っている様子が少し面白い御様子。と云うよりも自分の助手が(パパはフラオ・プロフェッソワの臨時アシスタントとしていささかの給料が下っていた）思わぬこのような学術機関に引っ張り出される事になって（つまり認められて)、それが嬉しくて仕様がない様子。女史はそれから丸で楽しそうなご様子になられ、万事勢いも良くなられた感じに見えた。

そんな話があってから、ちょくちょく此のドクター・ダウアーと云う方から連絡があって、遂にゲッチンゲンからキールへお出ましあって、十二月十日一時半より博物館（ムゼオム）の女史の部屋で会見。それ迄和紙、毛筆、硯、墨等、キールの街中を探して（全く無いわけじゃなかった)揃えたり、博物館の貴重な所蔵品を借り受けたり、尚不足なものは、日本から飛行機で取り寄せて準備は進められ、此の日は書初め用の書、かな、詩文、色紙、短冊、隷書迄揃えて会見した。

そして書とは如何なるものか、どの様な目的のものか、どの様に書かれているか、平仮名、片仮名の種類、様々なものに付いて質問を受けたり、かつ伝えたりして、四時間余の打ち合わせを行った。

その間難しい語彙は辞書でお互いに伝え合い、それから習慣についての分かり合えない事については、とにかく色んな角度から説明して、何とか納得のいくまでこぎつけたり、又余りに日本人では及びもつかぬ質問に戸惑わせられたり、それからその合間には実演が入る、ペン書き、サインペン書き、小筆書きが入る、片假名書き、漢字、ドイツ語、ローマ字と入り乱れて、パパは書の全容も伝えるべく大奮闘した。全く大奮闘?、此の言葉以外にはなかった。パパもママも何時だって汗水たらしての大奮闘。今日はパパの番だったが、正しく文字通りの大熱演して、総てが終わったときはぐったりして、へとへとに疲れてしまった。ママも只座っていただけなのに（コーヒーやケーキを頂きながら、たまに発言して）どんなにか身体がぐんぐんと疲れ果てていった事だろう。時間も長かったが、緊張も並大抵ではなかったのだと思う。パパはわけても後で汗びっしょりとかいていた様で、

「全く四時間ぶっ通しで、ドイツ語のレッスンを受けていた様なものだった」

と表現したが、本当に大変なものだった。

ダウアー博士はそこで打ち合わせの結果、①書初めについて②色紙③短冊④現代文つま

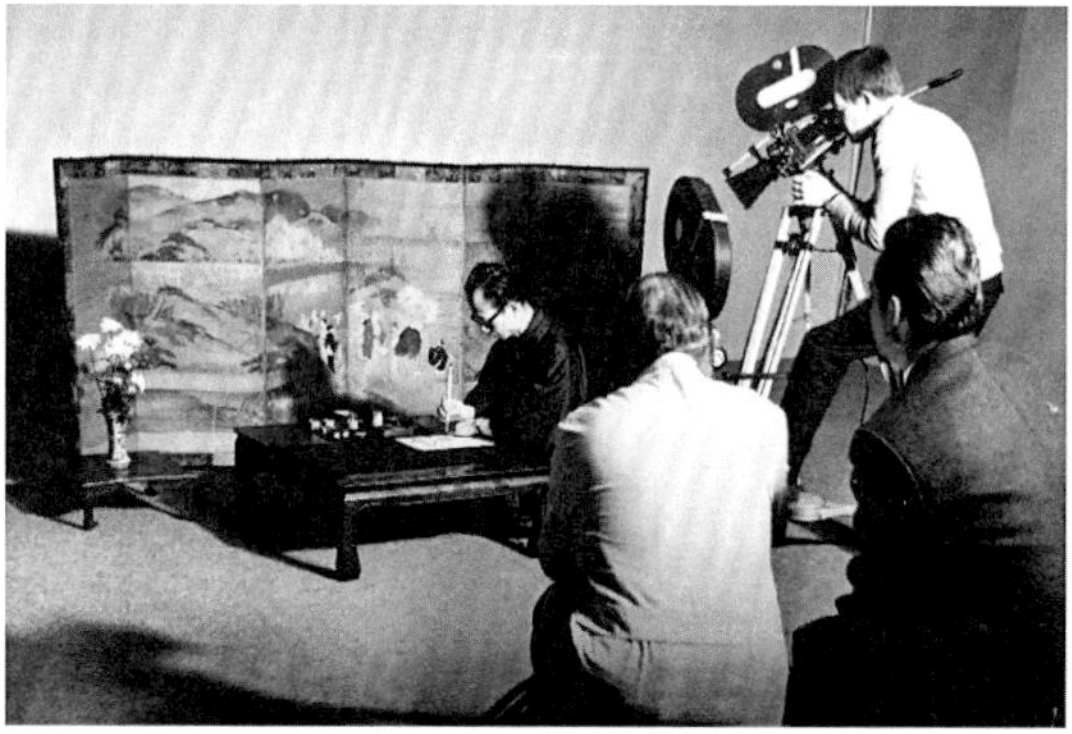
ゲッチンゲン映画撮影現場 1

り（片假名、平假名、漢字の交じり合ったもの）と云う四つのパートに分かれた四本の映画を撮る事に決められた模様で、色紙については書に絵が新たに加えられ、いささか画家としての本領が叶えられる事になった。

打ち合わせが済んでドクターが帰り、後片付けする時、女史も大変疲れておられた様で、ほっとしながら、しかしやれやれと云わんばかりに我々と顔を見合わせて笑われた。これは私達に対するいたわりが込められていると同時に、日本人に対するいつもながらの驚きも一種改めて感じられているのではないかとママには思えた。と云うのはパパのフライシッヒ（勤勉さ）はドイツ人には驚異らしいから。要するにママもお料理教室のときは大奮闘した、パパやママは日本人の中でも芸術家としてはまあ、自慢じゃないがフライシッヒな方に入ると思われるが、（お勤めや束縛を持ちたくないと云う点ではなまけん坊の類だが）これはドイツ人から見ると、決してヘルまいいまとフラオまいいまの特性と云う以上に、多分に日本人の特性として写るのではないかと思うのがその理由である。日本人がフライシッヒな事は

ゲッチンゲン映画撮影現場 2

世界に定評があるが、それを正に裏書きするがごとく、キールの此処ムゼオムにまいいま夫妻がいる。此のかねてはボーとしている様で掴みどころのない日本人が、一旦自分の仕事の機会に接せられるや，脇目も振らぬフライシッヒな様子で仕事をやってのける。その勤勉さと熱心さは多分彼等には目まぐるしく感じられるのかも知れないが、しかし或いは一驚に価いする面もあるとも思われる。と云うのもドイツ人は何事に対しても鷹揚で、せかず、急がずゆったりとしている感じがするからに他ならない。

　もともと女史は我々の、特にパパのその様な特性には十分に気付いておられたと思うが、本日も又、此の一ヤパーナー（日本人）は案にたがわず殆ど四時間の

問懸命に振る舞った、誠に大したものだ、偉い事だと多分彼女は此の舞台が終わって安心すると同時に、ご苦労様の意も込めて、つい笑いたくなったと云うのだろう。

そして女史も疲れておいでだった。と云うのも四時間ぶっ通しの仕事は無論誰にとっても大したものだが、異国人に対する気遣いと、お互いに文化的習慣的にも通じ合えないものを更に言語の難関を超えて何とか分からせたいとする努力、膨大な協力、そしてママの様に言葉の分からないものに対する限りない応対と云うのは大変に精力を要するものだったと思われる。例え無言でいるにしても。だからとにかく大変な精力と体力を消耗させるものだったのだろう。そこで皆くたくたに疲れ果てて、家路についたと云う訳だった。

二九　キールの街で座布団を求めて

それから二、三日たって、フラオ・プロフェッソワと三人で今度は座布団の材料を探して街へ出かけた。此の間の打ち合わせで、畳は到底望むべくもないが、座布団は一つ作りましょう、その他座机も説明して絵に描いたら、これはゲッチンゲンで作らせたい。出来る限り本格的に揃えようと云う事だった。ところがそれが此の異郷でいかに大変なものか、此の座布団一つで嫌という程知らされる事になった。

先ず布地だが、ヴァイペアと云う衣料専門のデパートへ行って、ママが絹がいいと云って、プロフェッソワが売り子嬢へ説明して、数ある量の中からさっと取り出してくれた布地が、まあ、何とピッタリだった事か。その渋い風合いといい、節々のある地のコクといい、正に間違いなく日本の絹、紬そのものであった。

「ゼア・グート（非常に良い）」

とママは叫んでしまった。一発で決まったので、女史の方が却って「こんなのでいいのか？」と怪訝そう。

ところが値段を見て、

「ツウー・トイヤー（高すぎる）」と手を振られる。

一メーター三千円以上もする。日本からの輸入品で正真正銘のシルクらしいから、やはり値がいいのだろう。一日か二日しか使わないものだから、と売り子嬢にも説明して、残念だったが、次いでナイロンでもいいと云って、売り場を変える。今度は出して貰ったのがピカピカの繻子のごとき布地。まあ、これでもいいわとは思ったが，皺が寄るらしいと女史がまた云われる。我々の観念では座布団とは綿が入って、ピンと張っているから、立ったり座ったりしても皺の寄る事もあるまいとママは思って、

「皺は寄らないでしょう」

と主張するが、女史の云われるには、

「皺が寄ったら、撮影の時ライトが当たって、良い写真は取れないだろう」

との事。女史がそう云われるとあらば、此の布地の値段は手ごろだが、不合格と云う事にせねばならないという事になる。

それから五階に行って、キッセン売り場（クッション・枕の類）で一体座布団とはどんな形のものなりやと説明を乞われた。十センチ程の厚みがあるとママ達が云いながら、とは言えボックス型ではなく、平面の布袋で作製するという事が女史には何となく納得がいかぬみたいだった。説明図を用意し、縫い方、出来上がり図まで描いては見たが、十センチの厚みがあると云う事は、即ち十センチのマチが必要ではないかと考えられるらしい。そこで実際にドイツの何らかの実物と照らし合わせながら、その形をつかもうという訳で、キッセン売り場は役にたって、そこで日本の座布団より一寸小さいクッションがあるので、

これと全く同じだと云うと、なるほどとやっと女史には形がつかめたみたいだった。

そこで、此の四角のプワッとした形に、かくかくしかじかの糸飾りが付くと説明し、それが固定と同時に飾りを兼ねる。これはたやすく直ぐ出来る。女史はうん、うんとお分かりになった様子で、それからまた二、三の売り場を回って、布地を検分。しかしママが依然として首を振るので、改めて主任のおじさんを呼び出して、問い合わせたり、挙句の果てはついに女史も決意をなされた模様で、最初の売り場に戻って、例のトイヤー（高い、高い）の布地を買われるらしいと云う気配になった。パパもママも「余りに高い」と又主張したが、女史は何が何でもママが一発で賛成した布地にしくはなしと決められた様子で、

「ゲッチンゲンが払うだろう」

等と云ってどんどん買ってしまわれた。正にゲッチンゲンが払うだろうの決意だった。これではママ達も賛成せざるを得ないのかも。

中身はところでどうするのかなあと思っていると、それから寝具製造業に赴く。こちらでは、綿の代わりに羽毛だが、それが又べら棒に高い。それにフワッとし過ぎて、人間一匹座るとペチャンコになり過ぎる。

「ニヒト・グート（良くない）」と無論認識一致である。

女史はそこでそれに代わる何物かを交渉しておられたが、難しい顔をして出て来られたところを見ると、それに代わる何物かはなかったらしい。

「泡ゴムでもよござんすよ」

とママが見兼ねて提案すると、

「あんなんでいいか？」と言われる。

「いいでしょう」と云う事になって、たかが此の二、三日しか使わぬ座布団に余り金はかけられぬと云う気持ちは、日独等しい心理と見受けられ、泡ゴムならもっともっと安くくだろうとママは考えたのだが、それは正しかった。

そして連れて行かれたのが、自転車屋さん。というよりは動力部品屋とでもいうべき、全く大掛かりな店の構えで、全く大したものだなあ？とママはここでも感心する。というのは店の規模が先の寝具屋といい、全く『グロース』に価いする内容で、戦後の西ドイツでの発展が同じく敗戦国日本とは比べ物にならぬ程グロースなのに驚嘆せざるを得ないのである。そこで一体何事かと思いきや、連れて行かれた棚に様々の厚みのある泡ゴムが五万と羅列してある。ああ、これか、これかと思った次第。ドイツ語でシャオム・グミと云うらしい。十センチの厚みと申し出て、出されたのを見たら、先ず人間がのっかってもビクともしない代物。ほっそりとしたパパが座る所を想像したら、昔の天皇の御座所の如くの風情があり、おかしかったが、それに転げたら大変だと思い、八センチのものにした。それが約二千円。

まあ、こんなところで本日は済まして帰って来た。最初は女史の秘書嬢に縫って貰う予定だったが、座布団一つの概念を伝えるだけでこんなにも苦労があるとすれば、どんなに絵に描き、説明図を付けても、出来上がった時多分似ても似つかぬものに出来得る事もあるかと思い、ママが作る事にした。それに良く考えたら、泡ゴムったって八センチの厚みを持った平面体に過ぎないし、それを先ずあの座布団のフォルムに縁を削らねばならないし、これは座布団を知り得る日本人がやって初めて出来得る形であろうし、彼等には恐らくそのフォルムは掴めぬ事だろう。座布団一つ作るにいかに苦労したか、それが分かっただけでも、本当に此の日はよい経験をしたと思った。

そしてこれが異国というものだ……とママはひたすら考えさせられたと云うわけだった。此の間のすき焼きの失敗なんてまだまだ上出来の方だ？　そっくりに出来ると思う方が、即ち異国、西洋をよく知らないのだ……と思った次第である。

三〇　ヴァイナハツフェスト（クリスマス）

暫く日記を書かなかった。何だかママはボーとしている。クリスマスを過ごしたからだろう。クリスマスは漸く昨日で終わった訳となる。その終わりの声は只自分の部屋に座っている限りはどこからも聞こえては来ないが、街の方はどうなったのだろうか。パパは日本へ送る年賀はがきのいくばくかを持って、一人でキールへ出掛けたが、ママは疲れていたので家へ残る事にした。

ヴァイナハテンアドベント（イブ）及びヴァイナハテンターク（当日）にかけ、ママたちは随分といろんな所へ行った。教会や集会等、それから娘の美久や誰それに贈るプレゼントや、ドイツの誰それに贈るプレゼントを探しに遠くはハンブルグ迄出掛けたりした。ハンブルグに行った日は寒い日で、乗客達の熱気が乗っているバスの窓ガラスで忽ち凍って美しい結晶模様を描くのが見られ、そのために二時間、外の景色が全然見えないでがっかりしたものだ（ちなみに冬のバスの中と云うと、乗客は全員毛皮のコート、帽子を着用しているからどんな田舎っさあでも正に金持ち階級の貴族に見える、だから我々もそれに倣う）。ハンブルグでは突き刺すような冷厳な寒さだったが、夜帰り着いてみると、キールも今夜は零下二十度迄下がるそうだとフラオが云っていた。翌日はフィアステアドベント（待降節第四日曜日）、日中で零下十六度、暮れてからは二十度迄又下がったかも知れない。

絵描きのショイブレー夫妻とトーマスキルヒエ（教会）の音楽会（アドベントムジック）へ行ったが、刺すような寒さの為か、四十人ばかりしか来ていなかった。

外の寒さがショイブレー氏寒い寒いと大騒ぎするので、

「本国人がそんなに寒かったら、日本人の我々は一体どうなるの？」

と茶化したら、彼によるとこんなに寒いのはキールでは二度目だそう。ママは又これがドイツの、いや北ドイツキールの冬の寒さなりと思っていたのだが、いつもはこんなに寒い事は滅多にないとの事。つまり生まれて二度目だと聞いて、じゃあショイブレーさんが大騒ぎするのも尤もだし、私たちにしのぎ難いのも又当然ではないかと思い、やれやれと安心した。零下二十度なんて経験のないママには、ゾッとする代物に想像していたものだが、まあ、外へ出ると寒さがほっぺたを錐で突き刺すように迫って来るが、耐えられない程ではない。

さて十二月二十四日は日本で云うイブの日だが、ドイツではハイリガーアーベント（聖夜）。一体本場ではどんな事をするのだろうと云うのが、ママの興味の的だった。

その日は先ず午後三時よりフラオビエルナートの案内でトーマスキルヒェへ参拝して、ミサを受け、子供達のクリスト誕生の劇を見て帰る。ショイブレー夫妻も来ていて、都合日本人はママ達を入れて三人となった。ショイブレー夫人は日本人。彼女がインドの民族衣装を身につけているので、フラオビエルナートが「あれは着物か？」と訊く。着物はママのを見て知っていて先刻承知な筈なので、床まである金ラメの入った紗のスカートをやはり着物と云うものかなと、不思議に思ったらしい。

ところでそこで、「本日は日本人会もあるそうだ」と云う情報が入った。二十四日イブの日は日本人会をしたいという予定は、幹事のドクトア高木氏に聞いてはいたが、まさかのイブの日にするなんて、思いもよらなかったので、連絡がないまま、多分延期になったのだろうと解釈していた。と云うのもドイツ家庭より招待が舞い込んだら、どちらかおジャンにしなければならないと思っていたから。それにビエルナート家では今日のイブを私達まで入れて予定を組んでいるし、若し我々が日本人会の方へ行ってしまうと、その落胆はいかばかりか、察するだに気の毒な気がするし、ママはママでドイツのイブと云うものがどんなものか、年に一度きりの事だから是非見たいものだし、願わくは今日の日本人会はやはり誤報であります様に……とすっかり憂鬱になって帰途に就いたわけだった。

家に帰りついてみると、直ちにショイブレー氏から電話があって、やはり日本人会はあるのだと云う知らせだった。ママはそんな予定はしてないからと行くのは嫌だと云ってごねたが、さあ、それからテンヤワンヤの騒動となってしまった。フラオも交え、電話を間に大奮闘した結果やはり行く事になった様だ。フラオにとっては折角異人の我々に見せるべきイブの趣好がおじゃんになるのは心外だし、と云って日本人会を欠席するのもこの際わずか十余人の同胞に対してつれない事だろうし、とにかくこんなドイツの特殊にして最大の祭日、イベントの日を日本人会に選んだと云うのは、誠に罪な事ではあったと思えたものだった。

所がこれには捨て難い訳があったのだった。ドイツではイブの日は完全に家族的な集りがあって、絶対に他人は招待しないものらしかった。そうなると以前ドクトア高木氏の洩らした言葉の意味も分かろうというもの。即ち、

「イブの日にはどうせ日本人は何もする事がないのだから……」

だからその日は日本人同士集まろうじゃないか？

とすると、じゃあ招待を受けた私達は特例と云う事なの？と云える訳で、ママはビエルナート家の我々に対する厚情に今更愕然として、特例ならではそれだけ他人には覗けないものが見えるとすれば、益々イブの楽しみは興味津々としてきたのだった。

という訳で、本日の取り決めとして、ショイブレー氏が車で迎えに来るから、皆で（綾子夫人とママ達。ショイブレー氏は送り迎えのみ）日本人会へ出て、一時間位したら帰る。綾子夫人もショイブレー家のイブがある為、長居は出来ぬ。そしてビエルナート家でもママ達の帰りを待って、少しイブを遅らせてもいい。だから門限は六時半より七時まで……。

ところが日本人会も面白くて、一時間やそこらで帰るのはいや、となって来た。おでんがこんにゃくや白滝迄入っていて（これを何んだ、大した事ねえじゃないかと云うなかれ。ハンブルグのドイツ唯一の日本食料品店迄買い出しに行って来て揃えたものなのだ）、タコのお刺身、（これも同様日本から冷凍で送られたもの。ちなみにドイツではイカ、タコは食用しない。日本では食用すると云うと、ゾッとされる）餃子（皆でワイワイ作ったもの）、お酒（正真正銘の一升瓶？）白菜のお漬物迄ある。前回もそうだが、全く良く揃えたものだ。日本では此の献立大して特異なものじゃないが、此処ドイツでは座布団の経験でも分かる様に、並大抵のものじゃない。全くすこぶるつきのものばかり。ママは幹事の高木夫人にはほとほと感心し、正に感謝の意を常に表したく思っている。

白菜のお漬物だって、白菜がドイツにもあると思ったら大間違い。一見してほっそり、白菜の芯とおぼしきそれと似た類の極めて緻密な高級なチコリという野菜があって、それを夫人がお漬物にしたのだそうだ。

「ああ、白菜だ、白菜だ？」と云って皆懐かしく確認したが、正に白菜と云っていいのかも知れない。ママもデパートで初めて目にしたものの、何だろうと思っていた。

今回は医師の瀬田氏一家が帰国して、その代わりに声楽家の岡村喬生氏夫妻が加わり、その岡村氏たるや、今キールで興行中のオペラ「フィデリオ」の主役、そのフィデリオ自身というから、大したお方。奥様はそのコーラスで活躍中。大した人気者の出現と云うものだ。そして声楽家らしく会話の声自体がウオン、ウオンとあたりにコダマするような豊かな声量だから、びっくりさせられた。その又キャラクターの賑やかな事。

昨日はその岡村氏の車で、ハンブルグ迄高木氏、双葉さんと云う殿方連中が日本人会の為、食糧の買い出しに行ったそうだ。そして日本領事館からと日本航空から寄付迄あって、本日は総てこれそれで賄ったもので、会費は無用。年に一度の事だから、何時でも（と云っても暮れは何時でもの意と思うが）無心に来てくださいという事だったらしく、のし餅、タラコ迄おすそ分けがあって、万々歳だった。

さておいしい、おいしいと云って味わい始めたものの、ママは帰るのがすっかり嫌になってしまった。でも心を鬼にして、ショイブレー夫妻と帰る事にした。ショイブレー氏もお迎えに来たまま、二十分ほどだったか、日本のおでんや餃子を突っついていた。彼も大変においしくて、又すこぶる楽しかったとか。彼は又大の日本びいきで、だからこそ奥様迄日本人を貰って、とにかく愉しかった愉しかったの嬉しい表情を見せた。家に帰り着いたのが、門限の十数分前……。

帰って見たら、又大変だった。待ちに待った五歳の男の子がもう大荒れに荒れていて、ものは投げる、ムッティーに尻をひっぱたかれる、思い余ってドアの外へおん出される。ファーテイと年長のフランクは暗いキュッヒェ（台所）で外をぼんやりと眺めながら、その様子を当らず触らず避けていたらしく、急いで帰って来たパパとママは此の有様にいたく心がシュンとしてしまった。折角のビエルナート家にとって年に一度の良き日に、我々の為にこんな大騒動となって、きっとどんなにか悲しかった事だろう。

「ごめん、ごめんなさい？」と云いながら、大急ぎで二階に上がり仕度して、（ママは又パーティ用の服に着替え、と云うのもフラオビエルナートが夜会服のキラキラしたのを着ていたので）プレゼントを持って、下の部屋へ。

そしていよいよ始まりだった。ドアを開けるとびっくりした。大きなクリスマス・ツリーが出来ていて、テーブルの上にはそれこそ山と積まれたプレゼントや各種の紙絵皿に入った木の実や菓子の数々、ローソクの灯りでグルグル回るクリスマス人形。そしてツリーも又日本のそれとは違うのだった。尤もクリスマス・ツリーはゲルマン民族の神話に由来するものと云われている程、もともとドイツが発祥の地といわれているらしいが（ヴィクトリア女王の婿ドイツ出身の公子アルバート公が英国に此のツリーを伝えたものらしい）、日本で色の豆球を使うところ、ローソクの灯りを随所に立て、それから雪は使わずエンゲルハール（天使の髪）と云う銀ラメを至る所に飾り垂らす。これは何もビエルナート家だけのものではなく、何処でもその様な形式と見受けられたから、日本の形式はアメリカのものなのか、とにかく此のドイツの形式はママにはちょっと発見であった。そしてそのローソクの灯りの何とロマンチックな事？　暫くそのローソクの灯りに魂を奪われてママはボーとしていたが、一同此の樹に向かって祈りを捧げ、フランクが代表して祈りの言葉を唱える。

三〇　ヴァイナハツフェスト（クリスマス）

Denkt euch-ich habe das christkind gesehn!
Es kam aus dem Walde' das Mutzehen
voll Schnee , mit rotgefrorenem Naschen.
Die kleinen Hande taten ihm weh,
Denn es trug einen Sack, der war gar schwer,
Schleppte und palterte hinter ihm her,
Was drin war, mochtet ihr wissem?
Ihr Naseweise, ihr Schelmenpack
Meint ihr, er ware offen, der Sack ?
Zugebunden bis oben hin !
Doch war gewiB was Schones drin,
Es roch so nach Apfeln und Nussen!

考えてごらんよ！　あたしはキリストの子を見たよ！
雪だらけの帽子をかぶって、

かじかんだお鼻を真っ赤にして、森からやって来たんだ。
彼のお手々は痛そうだったよ、
だってすごーく重い袋をずしんずしんかついできたんだからね。
何が中に入っていたか知りたいんだろう？
お前ら、いたずらっこの悪たれ坊主。
その袋が開いたらなあと考えているんだろう！
勿論、そん中にはいいものがあったさ。
リンゴとか胡桃とかのいい匂いがしたもの。

カールステンは未ださっきの興奮冷めやらず、オーイ、オーイと号泣していて、ローソクの原始的な灯りの中、フランクが時々とちってはムッテイに教えて貰って、一心に祈りを捧げるのは、いささかママには心打たれるものがあって、ああ、娘の美宇にも此の喜びを分かち合いたいと少々涙ぐんだりした。そのときママは日本人会の事はもうすっかり忘れ果てていたものだ。ドイツのハイリガーアーベント（聖なる夜）は余りにもママにとっては得難い経験だったから。

お祈りが終わるとプレゼントの交換。フランクがムッテイに花束を捧げ、キスをする。彼のプレゼントは何かというとコーヒーポット。数日前カールステンが壊して不自由していた矢先、それを思って母親に贈ったのだろう。ムッテイも又それを祭して大喜び？　カールステンは未だ泣いていて、数々のプレゼントを手にしながら、未だ心和まぬふうだったが、やがて開けて見たムッテイからの自動車のプレゼントに大喜び。リモートコントロールのメイドインジャパンだった。途端に機嫌を直し、ムッテイに飛びついて又長い長いキス。やっと待ちに待った本番に入ったと言う具合だった。やれやれ。

さあ、それから私達もビエルナート家の一人一人にプレゼント。初めは子供達だけにと思っていたところ、皆さんに奮発しようという事にしたのだが、これは助かった。と云うのも私達にも盛りだくさんなプレゼントがあって、イブが決して日本の様に子供達だけのものではなく、大人達もひっくるめた家族一同の祭りだと云う事が分かったのだから。それから又思わぬプレゼントも届いていた。フラオ・プロフェッソワ・シュロッサーのご家族皆さんからの私達に対する包みもあって、これには驚かされてしまった。始めイブのお祭りを女史のお宅でと云う予定だったが、御母堂のご病気で延期したいとの電話があって、それではビエルナート家でとフラオの申し出でかくなった次第だったが、しかしどうも祭するところ、女史の方が気を利かして、ビエルナート家に一歩譲ったというのが実情のようで、つまりフラオに花を持たしたのが女史の何時もの心遣いだったのかも知れないと思われる。そしてプレゼントのみはちゃんと届いているなんて……とパパもママももう感激ひたすらと云うところだった。そして尚ママはきっと郵便か何かでビエルナート家に送られてきたものだろうと信じていたが、あにはからんや、その日の午前中に女史より電話があって、フラオが女史宅迄招かれて、我々のプレゼントを託された由。その経緯を聞かされて、私達どんなに驚かされた事か？　またまた二度ビックリして感動ひとしきりと云う具合だった。女史のお気持ちも嬉しいが、わざわざ女史のお宅まで取りに行ってくれたフラオにも感謝せねばならない。何かこう、暖かい厚い友情と好意の砦にパパとママが守られているという感じがして、改めて此のお二人の存在が、どんなにか私達にとって大きなものかという事が、しみじみと分かったと云う次第だった。本当にプロフェッソワとそのご家族、それからフラオビエルナート、どんなに私どもは感動したことだろう。神が我々に与えて下さったプレゼントの中で、シュロッサー女史程得難くも心暖かな方は、今まで日本にいるときでさえ無い様に思われた。パパとママは日本でずっと生活している間、我々の芸術と人生に対する誠意は思った程報われる事もなく、陽に当てられる事もなく、むしろシジフォスの神話のごとく、しいたげられてばかりいた様にしか感じれないものだったが、しかしこれは又一面それは若い芸術家の真相そのものでもあると、ママはじっと十何年近くもの間耐えていたものだったが、此処ドイツに来て、やっとその報いの様なもの、意外と射しわたる陽の光のようなものを、シュロッサー女史の何くれとない誠意の中に見出す事が出来、それがドイツ人と日本人と云う異文化を持った間柄とは言え、しかしまたなお一層それだからこそ、これはきっと神の与え給うた最初の御光りの如く思え、女史こそ我々の生涯の中の最初の光に価いするものとして、我々はそれを一生涯此のドイツでの生活と共に忘れる事は出来ないだろうと思うのだった。

それからフラオビエルナート、貴女はドイツでの家庭の風習とはどういうものか、それを私達に少しでも知らせてあげようと、一生懸命にやってくれました。此のイブについてもそうだったが、いよいよその当日の二十五日は、ビエルナート家の皆さんとバイナハッタークの聖餐の七面鳥（プッター）の御馳走を我々にふるまってくれたですね。ママ達にとって、クリスマスの七面鳥は日本では家庭的には夢のようなものだったが、それを彼女はいとも簡単気に、豪華に振る舞ってくれたのだった。

そして見なさい、見なさいと云って、三時間もかかって丸ごとのプッター料理をよくよく教えてくれてもした。そして神聖でかつ家庭的な愛あふれる、私達にとって申し分のないクリスマスを味わわしてくれた。本当に何と言えたものか、あれもこれも感謝の他ないものだった。

二十五日はこうして七面鳥をたらふく頂いたところで、今度はショイブレー氏のお宅へ。ショイブレー夫妻のクリスマスは又傑作だった。

車が彼の家に入った所で、中から綾子夫人の奏するらしいインド笛の音がして、これは始めママは彼女の笛のお稽古の如く思えていたが、ドアを開けて入って見ると、何と歓迎の奏だった。インドの例の民族衣装を着た夫人がすまして、我々の入っていく先々で、そのインド笛を奏してくれて、何か蛇でも出てくるのじゃないかと私達がゲラゲラと嬉しがるのもものかわ、彼女は何時まで経っても辞めようとはしない、その滑稽さ。お茶など運びながらも、未だ片手で吹いているのだから、こちらも何時までも笑ってしまった。

それからご自慢のヴァイナハツ・バウム（クリスマス・ツリー）のとくとした鑑賞。こちらはビエルナート家の一神教に対して、まあ、文字通りの多神教。インド教、チベット教、日本の仏式、ラマ教、キリスト教と混濁した豪華さ？で、彼の祭壇は正にインターナショナル教ともいうべきか、オリエント教というべきか、ありとあらゆる宗教の象徴と小道具が飾ってあって、本日はツリーがその中央にでんと供えられていて、十数本のローソクの灯りが怪しげに燃え、云われなくとも何かその前でかしづき、お経の一つでも唱えたくなる雰囲気である。そこでパパがおどけてチーンと日本の仏式鐘を叩き、赤々と燃える灯りに向かってキチンと正座してお経を唱え出すと（パパの母親はお寺出身）、面白がったショイブレー氏が、本当に日本の龍拓寺で（彼は確か千葉県にある此の寺で修行した事があった）用いていたというお経の本を取り出し、パパの前に置く。その頃はもう綾子夫人はうにゃうにゃとお経に熱中し、ショイブレー氏も併せて木魚をポクポクと叩きながら、ローマ字のそれをうなり出し、ネパールのお線香の芳香の中いやはや異様な光景となった。ママはローマ字のお経があるなんて、日本の仏教も抜け目ないなあと感じたものだ。ママは一人ゲラゲラと笑い通しだったが、ママにとってドイツのクリスマスから一転して、何と言うべきか、正にアングラ教ともいうべき怪しげなインターナショナル教と雰囲気は変わって、全く奇妙キチリンな事此の上もない経験だった。全くおかしな、おかしな聖夜なる日を味わったものだ。

それからやがてショイブレー氏の美校時代の教授夫妻の飛び入りがあって、今度はクリスマスの歌の合唱、そのうち日本の歌も何かと所望されて、パパとママも民謡をご披露したり、童謡を歌ったりした。それから輪唱、斉唱、楽器演奏、更に木魚、再び台湾やらチベットやら、インドやらの鉦を持ち出して、てんでにアングラ或いはサイケデリック演奏を打ち興じ、そのうち日蓮宗の太鼓迄持ち出して、テンツク、テンツクとやりだしたり、まあ、その音楽の奇妙きてれつな事驚きに他ならなかった。要するに色んな小道具を日本から、或いは広く、アジア一円から運んで来たショイブレー氏の趣味、情熱にもほとほと感心させられ、一方いささか呆れもした。

それから驚きは中年の此のドイツの教授夫人の音楽に対する趣向と云うべきか蘊蓄《うんちく》と云うべきか、それのあでやかさ。歌も歌い、楽器も自由に奏で、何かとその辺にある音の出るものを、花瓶すら、直ちに伴奏に仕立てる能力と云うものは、日本では恐らく宝塚にでもいたおば様でもなければ到底なし得ないものだろうが、それを次から次にいとも簡単にこなしていく才能と指向というものは、ママには本当に驚きと目新しさに他なかった。

それから綾子夫人の歌。小学生の様にきちんと口を開けて、一生懸命歌う。彼女は英語もドイツ語も堪能なので、教授夫人とドイツ語の歌も次から次へと歌ったが、ママはその姿をじっと見ながら、此の綾子夫人の不思議な魅力と云うものに感じ入って、一体此の綾子さんとは如何なる人なのか、およそママの付き合ったどんな女性とも違う気がして、不思議で不思議で仕様がなかった。
　それからママにも又変わった一大現象がここでも起きていた。日本の歌を所望された時、日本でのママだったら一度だって人の前で歌うなどもっての他だったものだが、外人の前ではそれが許されない。それに綾子夫人が無邪気に一生懸命歌う姿にママは動かされていたので、よし、歌って見ようという気になって、幾つか歌ったものだった。パパとの斉唱だったが。そしてこいつは外国に来て、ママも一大変化をしたわい、ママも大した一大改革をやってのけたぞ……と、ママは我ながら此の心境の変化に驚いてしまっていた。そして歌いながら、ママの声は本当はとても良い声だとパパにいわれていたのに、出し惜しみしていて、と此の変わった自分に盛んに一大賛同を拍している始末。ああ、何と前代未聞の出来事だった事だろう。それで全く外国というのは、自分にとってもいとも面白いものだ、全く良い経験だと、本当に来ていい事があったと、改めて思ったことだった。

　それから晩餐は、ショイブレー氏の御母堂の所で……。これはもうまごうかたなくドイツ上流の雰囲気。そこには日本の精神的貴族たちの見本とする西欧家庭の、或いは第一次西欧から帰朝組の紳士たちが見せ得る一典型があって、明治からこの方営々として日本上流社会が取り入れて来た手本は、あるいはこんなものなのだなと思わせられる事しきりだった。

ところがこんな品位ある御母堂の元で育ったお坊ちゃんショイブレー氏の夢はと云えば、朽ち果てたボロボロの木の、正に日本の田舎に捨てられた様なあばら家に住むのが理想だと云うのだから、全く世の中って何処まで行っても尽きない欲望があるものだ。ああ、我々が彼等の経済力、文化力、生活力に追いつく頃は、彼等は一体どんな考えに到達しているものだろうか？　ボロボロの陋屋に憧れる彼等は我々より果たして一枚上手《うわて》なのかなあと思わないでもない。しかしそれは今の進展では分からない。

（了）

あとがき

「パパはドイツで」の著作はクリスマスで終わっているが、滞在期限の切れる三月まで二つのトピックスが起きている。一つはゲッチンゲンの映画出演である。前島は絵画ではなくカリグラフイ（書道）と云うイベントに余程異議があったと見え、日本へ帰国して死ぬまで決して他に自宅でも口外する事はなかった。

内容は本文にあるのでここでは記述しないが、私の母親が用意してくれた大島紬の上下を着て、立ったり座ったりしてじっくり沈思黙考しながら、筆を動かしている彼の姿は結構絵になっていると思ったものだ。

撮影監修として、元名古屋大学の教授だった、ドイツでの日本通第一人者のどえらい教授が呼んであったがその方がおっしゃるには、ヘル前島の書は漢学と仏学の系統であるとの事。その慧眼には驚かされた。前島の実家は漢学者の系統で、母親は寺の出身であった。前島が画家でありながら好んで書を嗜んでいたのは決して好みではなく明らかに祖先ゆずりの才能であると云うのは、初めて指摘認識されたが、それには驚かされた。それは大きな発見であった。

一体此の映画がどうゆう扱いを受けるか聞いたところ、ドイツの全大学、大きくはアメリカにも送られる事になると云う返事だった。通訳として活躍してくださった方に書道家はドイツには来てないのか?と云う返事には「いやあ、来てますよう」との事。「じゃあ、何故画家の私が選ばれたのか?」と云う返事には「ま、運命でしょうね」との笑いながらの一言であった。かくしてヘル前島は一生口をつぐんでいたという具合。

もう一つのトピックスはお城の壁画の修復の誘い。

年を越して、そろそろキール大学との契約も切れると云う頃、ゼイバッハ氏からのオファーが入った。例のバローン氏のシュロスで壁画の修復をやらないかの仕事である。一応承諾して、シュロスに赴く。ゼイバッハ氏のベンツのお出迎えがあって、仕事に精出した。一日にやっと十センチ四方の仕上げで、前島はそう語っていた。シュロスの一室を提供出来、給料は八万円。

下宿のフラオによると外人としてはまあ、妥当であろうとの事。私は子供の頃からお城に憧れていたので、まああ、やっと望みが叶ったなと嬉しさも向上。姫と云う身分ではなく、雇われ人だがと云う雲泥の差はあったものの、この運命には喜んではいたが、或る日前島が帰って来て云うには「おい、日本へ帰ろう!」の非常宣言であった。

一体何があったかの説明もなく、私もあえてきかなかった。

二人の親や家族に即報し、航空代を送ってもらった。私の場合は末弟が都合してくれた。当時としては結構大金だった。

下宿のフラオもシュロッサー女史も驚愕し、別れを告げてくれた。

八十五才頃になってお弟子さんの一人が「何故帰国なされたのですか？」ときいたそうだ。「僕は壁画の修復でドイツに来たのではない。自分の仕事がしたかっただけだ。ただそれだけだった」と前島は答えたそうだ。

私にとっても初めての告白である。訊いた方も一流大学出身の商社マンであった。「修復の仕事を嫌がらずどこまでも粘って、在独しておられたならば世界の巨匠として見事に達成しておられたのに……」と云って下さったそうだ。

商社マンの方の夢は達成できなかったが、しかし日本に帰国してその努力と研究の集積によって一応は夢を大成出来たと思うが、裏方に回った私としてもそれは一応是認できる。絵画は永遠であり、我々は生を失ってもその途上にあると云わねばならぬ。それが芸術家と云うものであろう。

最後に、株式会社牧歌舎様のご厚意によってここに出版できましたことは大きな喜びであり感謝の一言であります。

✤ 著者と夫のプロフィール ✤

前島隆宇《たかう》（著者の夫）

静岡市出身。

武蔵野美術大学油絵科卒業。

銀座を初め各地で個展企画展多数。U.S.A フロリダ州美術大学より招聘個展（新聞掲載）。フランス、サロン・ドートンヌ出品入選。

西ドイツ遊学、キール大学博物館に在籍。帰国後近代美術協会の実力主義に賛同、会員となり 21 年後に代表となる。日仏現代作家展選考委員に選出さる。調布市より芸術文化功労賞授与。

前島敦子

鹿児島市出身。

武蔵野美大油絵科入学、1 年生時に前島（4 年生時）と入籍、結婚して前島のデッサン力の凄さに仰天し、彼の裏方に回る決意、美大を中退。

早稲田系文学同人誌に入会。小説評論等発表。

ドイツにて Schleswig・Holstein 州美術家美術教育者シンポジウムに夫前島と共に招待参加。帰国後前島隆宇芸術研究室経営。

著書に『魔法のアトリエ』（風媒社刊）、『聖なる体験』（たま出版刊）がある。

前島隆宇

前島敦子

パパはドイツで　人情厚い西ドイツ滞在記

2023年11月10日　初版第1刷発行

著　者　前島敦子
発行所　株式会社牧歌舎
〒664-0858　兵庫県伊丹市西台1-6-13 伊丹コアビル3F
TEL.072-785-7240　FAX.072-785-7340
http://bokkasha.com　代表者：竹林哲己
発売元　株式会社星雲社（共同出版社・流通責任出版社）
〒112-0005　東京都文京区水道1-3-30
TEL.03-3868-3275　FAX.03-3868-6588
印刷製本　冊子印刷社（有限会社アイシー製本印刷）

ISBN 978-4-434-33021-6　C0095